주부9단, 골프9단 되다

주부9단, 골프9단 되다

프로골퍼의 **아내**는 어떻게 골프홀릭이 되었을까?

주부9단, 골프9단 되다

김성헌 · 이남주 지음

매일경제신문사

아내는 운동을 싫어한다. 자전거 타기는 좌회전이 안 된다는 이유로 그만뒀고 배드민턴은 셔틀콕이 정확히 자기 앞으로 안 온다고 그만뒀다. 그래서 은퇴한 노부부 마냥 집 앞 산책이나 하고 있었는데….

무슨 바람이 불었을까. 아내가 불쑥 골프 얘기를 꺼낸다.

"할 생각이 있능겨?"

"없능겨. 다들 어렵다고 하더란 말이지."

"어렵다면 어렵지만 딱히 어렵기만 한가? 미칠 듯이 재밌기도 하지."

학생들을 가르치면서 학생과 어른 간 차이를 확실히 분석하는 것은 물론, 각자의 현 상황에 맞는 맞춤 레슨이 필요하다는 생각을 했다. 아이에 비해 어른이 신체적으로 불리할 이유는 없다. 어리다고 다 유연성이 좋은 것도 아니고 근력은 오히려

어른이 훨씬 앞선다. 그런데 아이들은 빠르면 6~8개월, 보통 1년 정도가 지나면 한 자리 핸디캡 수를 가지곤 한다. 어른들에겐 꿈 같은 이야기다.

어느 날 여자시합 중계를 보고 있는데 아내가 자기도 레슨 받으면 저렇게 칠 수 있냐고 묻는다. 순간 내 머릿속에 재미난 생각이 떠올랐다. '아내처럼 운동하기 싫어하는 사람은 얼마만큼의 레슨과 연습량이 있어야 잘 칠 수 있을까?'

"우리 시작해 보자!"

"살도 빠져?"

살면서 마음 맞는 골프친구 만나기가 정말 힘든 것 같다는 생각을 하고 있을 무렵 아내가 골프에 관심을 보이니 잘 가르쳐서 평생 골프친구로 만들고 싶었다.

"빠져, 빠져. 살 빠져!"

2007년, 골프 선수인 남편과 결혼한다고 했을 때 나보다도 아빠가 더 좋아하셨다. 남자들은 정말 골프를 좋아하는 것 같다. 병원 진료를 하러 가면 의사 선생님은 남편에게 즉석 골프 레슨을 받느라 환자인 나를 방치하기까지 했다.

그러나 스포츠에 '취미 제로'인 나는 남편이 운동선수인 것부터가 부담스럽다. 그렇다고 취미 하나 없이 마냥 딴 데만 보고 있을 수는 없었다. 관심을 가질 수밖에 없는 여건들이 툭툭 불거져 나왔다.

어느 날 남편이 학생들을 가르치는 걸 보게 되었는데, 그 날 나는 감동에 빠져 버렸다. '저토록 자상하고 쉽게, 그리고 재미있게 가르친다면 나도 배울 수 있지 않을까? 배우고 싶다.' 가슴이 부풀었다. 골프와 운전은 남편에게 배우는 게 아니란 말을 숱하게 들어왔던 터였다. 하지만 '저렇게 재미난 내 남편 얘

기는 아니겠지'란 생각이 들었다.

2011년 겨울, 몇 안 되는 학생들을 데리고 남편은 태국으로 전지훈련을 떠났다. 골프를 하나도 모르던 초등학교 2학년생이 그 힘든 훈련을 함께하고, 너무 말라 근력이 약해 고민하던 고등학생이 웨이트 트레이닝에 푹 빠지던 모습. 그리고 계속 테스트에 떨어지던 선수 지망생을 테스트에 통과시키며 희망을 보여준 남편이 정말 자랑스러웠다.

남편의 그런 모습은 내 머릿속에 '나도 골프를 치고 싶다'는 생각을 심어 주었다. 쉽게 지치고 싫증 내는 운동치를 극복하고 인내심도 키워가면서, 평생 남편과 함께 골프를 즐기고 싶다는 야무진 꿈 하나로 마침내 골프에 첫 발을 내딛었다.

Part 3 아내, 골프의 날개를 달다

Part 1

아내,
새로운 세상을 만나다

아내, 그립을 잡다

첫 골프 레슨. 아내는 상기된 얼굴로 나를 보고 있다. 훌륭한 선수로 만들어 달라는 학생을 대할 때보다 더 긴장된다. 부부라고 더 편한 것이 아니다. 단번에 히트를 치는 남편을 보여 주어야 하는 부담감이 있다. 이건 아내를 가르치는 것이 아니라 내가 시험대에 오른 것 같다. 어쨌거나 주사위는 던져졌다.

"자, 그립 잡아보자."
"그립이 뭔데?"
"채를 쥐어 보자고."

내가 먼저 왼손으로 골프채를 쥐어 보였다. 아내가 따라했다.

"자, 이제 오른손으로 왼손을 덮어."

아내는 나름 조물조물 잡아보며 흥미를 보인다.

그립은 크게 두 가지가 있다. 오버랩핑과 인터록킹 그립. 오른손 새끼손가락을 왼손에 올려놓는 오버랩핑 그립은 100년 전 해리 바든이란 영국 프로가 만든 그립인데 일반적으로 가장 많이 쓰이고 있다. 해리 바든의 이름을 따서 바든 그립이라고도 한다.

인터록킹 그립은 왼손 검지에 오른손 새끼손가락을 고리처럼 걸어 잡는 그립인데 단단하게 잡혀지는 반면 악력 조절이 의외로 까다로워 아마추어에게 권하고 싶은 그립은 아니다. 그러나 아이러닉하게도 골프 천재라 불리우는 잭 니클라우스, 존 댈리, 타이거 우즈 같은 선수들은 인터록킹 그립을 쓴다.

"그럼 난 우즈 스타일로 할래."

아내가 손가락을 말도 안 되게 걸어 보이며 인터록킹을 하겠다고 한다. 시작부터 반란이다.

"당신은 오버랩핑 그립을 잡는 게 좋아."
"난 우즈 스타일이 좋은데."

골프를 처음 시작했을 때 나의 롤 모델은 잭 니클라우스였다. 그를 존경하다 못해 다 따라해 보려고 노력했었다. 특히 그립부터 인터록킹으로 잡았었는데 타격과 컨트롤에 상당히 애를 먹었다. 이유는 상대적으로 오른손을 더 꽉 잡았기 때문이다. 이때 사람들마다 차이는 있겠지만 주손이 오른손인 나의 경우에는 다운스윙 때 악력이 과도하게 들어가는 경우가 종종 발생했다.

오른손이 왼손에 비해 악력이 과해지면 왼손의 악력은 상대적으로 헐거워지게 된다. 특히 긴장되는 순간에 자주 샷을 망치곤 했는데 그 이유가 그립에서 발생된 문제인지 알기까지 정말 오랜 시간이 걸렸다.

그러다 허석호 선수 아버지의 조언으로 오버랩핑으로 바꾸게 되었는데 그때부터 손가락 압력이 스윙 자체에 얼마나 영향이 미치는지 알게 되면서 골프를 새롭게 깨달은 바 있다. 인터록킹 그립이 나쁘다는 것이 아니라 내 경험에 의하면 오버랩핑이 받아들이기 훨씬 쉽다는 얘기다. 본인이 좋아하는 모델의 방법을 무조건 따라 하기보단 가장 일반적인 방법을 먼저 습득하는 편이 좋다.

처음 레슨할 때 가장 어려운 부분이 이 그립이다. 그립에 대해 다시 설명하려는데 아내가 반쯤 감긴 눈으로 묻는다.

"오늘은 공 안 쳐?"

"아… 공, 공 쳐야지. 그립 다시 잡아봐."

아내는 왼손을 클럽그립 위에 주먹 쥐듯 말아 쥐고 오른손 손가락으로 왼손 전체를 감싸 쥐었다.

"그게 뭐야? 어떻게 잡은 거야?"
"이렇게 잡는 게 쉬운 거라며? 해리포터 그립…."
"해리포터는 또 뭐야? 해리 바든이라니까…."

그립을 제대로 잡는 일은 하루 이틀에 될 문제는 아니다. 하지만 그립 잡는 것에 얼마나 신경을 쓰느냐에 따라 실력 붙는 속도는 판이하게 달라진다. 10년 백돌이 플레이어들의 스윙을 보면 거의 공통되는 한 가지 문제가 눈에 들어오는데, 그게 바로 그립이다. 그렇다고 그립을 바꾸는 플레이어들을 본 적은 없다. 그립을 바꾸면 스윙 느낌이 전혀 다른 모양이 되기 때문이다. 그렇기에 그립만큼은 처음 만들어 갈 때 습관이 정말 중요하다.

골프계의 전설, 벤 호건도 자신의 비밀은 그립을 올바르게 잡는 데 있다고 했다. 이렇게 중요한 동작이기에 이 동작만큼은 강박을 가질 정도로 얘기해 주고 싶다.

"이미 충분히 세뇌당한 것 같아. 안심하고 시작
해."
"오케이, 준비됐지? 나의 골프 랜드에 온 걸 환
영해!"
"에버랜드보다 재밌는 거 확실하지?"
"당신이 상상하는 그 어떤 랜드 이상의 랜드를
보여줄게!"

골프만큼 진입 장벽이 높은 운동이 또 있을까? 그 높은 장벽
을 금방 넘게 해주는 것이 바로 바른 그립을 잡는 일이다. 잘
따라해 주려나?

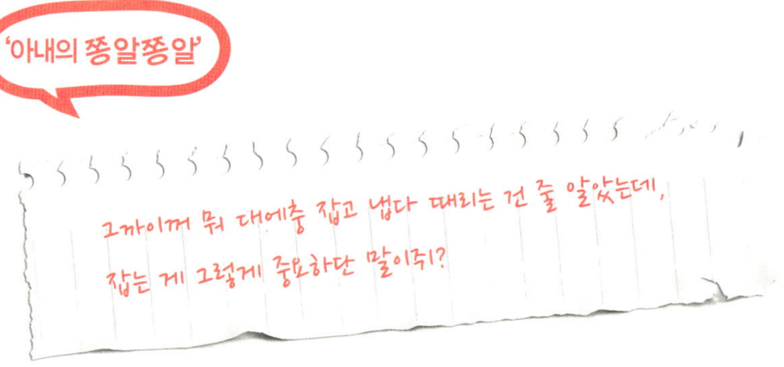

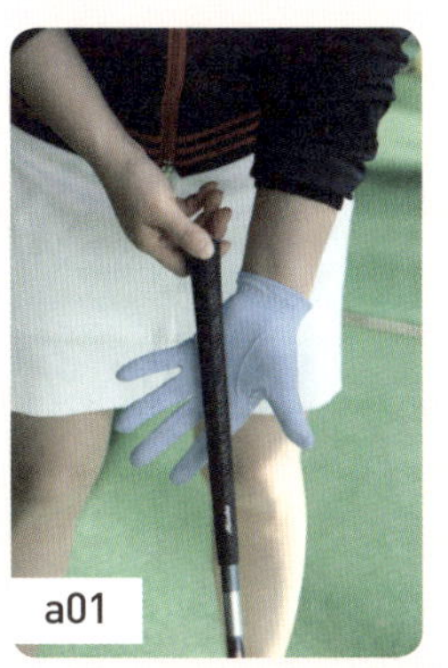
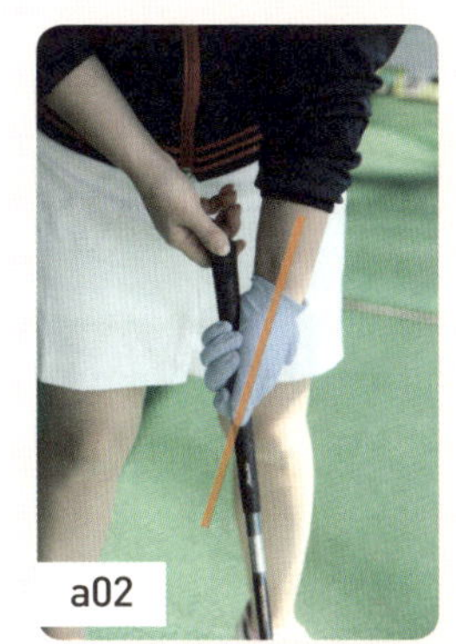

처음에 그립을 잡을 때 사진 a01에서처럼 그립이 손바닥 위에 정확히 놓이는지 보면서 잡는 경우가 있다. 이런 방법이 습관화되면 사진 a02에서처럼 엄지손가락이 사선으로 잡힌다. 이런 모양을 Weak(약한) 그립이라 한다. 이런 형태가 습관화되면 백스윙 때 손목 동작을 사용하기 힘들며 공을 강하게 타격할 수 없다.

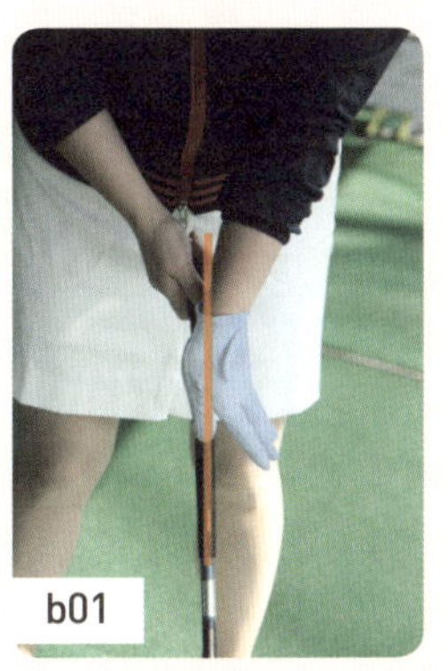
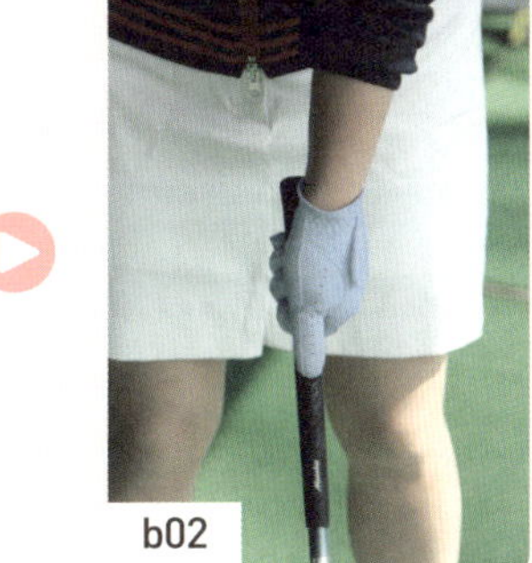

사진 b01에서처럼 내려다 볼 때 왼손등이 3분의2 정도 보이는 상태로 들어가 잡아 주어야 한다. b02는 가장 흔하게 만들어지는 왼손 엄지손가락의 모양이다. 엄지손가락이 길게 그립 아래로 내려와 있으면 다운스윙 때 엄지손가락의 힘으로만 짓눌러지게 될 수 있다. 더 큰 문제는 엄지손가락에서부터 손목까지의 인대를 쉽게 부상당할 수 있다는 것이다.

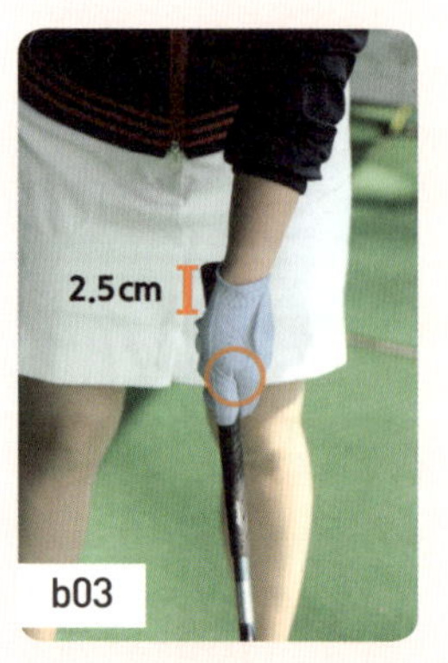

사진 b03에서처럼 엄지손가락이 손바닥 쪽에 살짝 끌어 당겨져 밀착되어 있어야 한다. 이때 엄지손가락은 그립 아래 로고까지 일직선으로 잡히면 된다(로고가 없는 그립도 그립 중앙 표식은 되어있다).

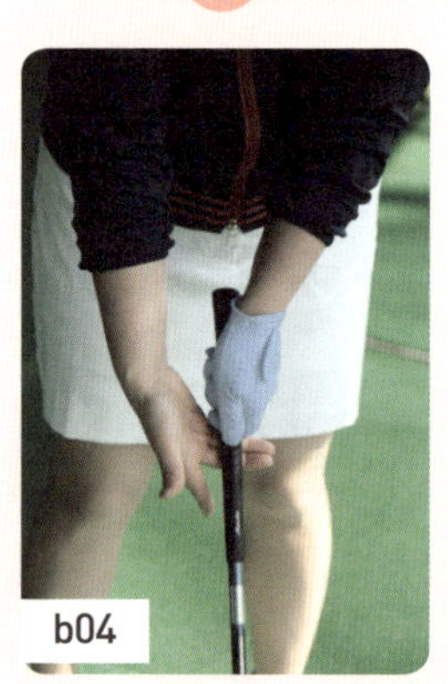

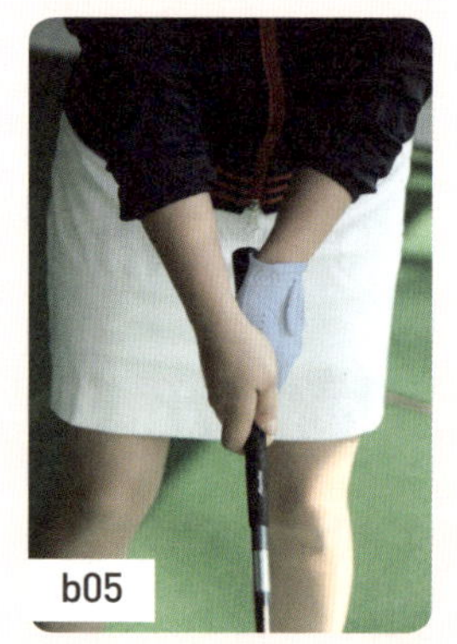

〈완성된 그립〉

그리고 새끼손가락에서부터 그립의 팁 끝까지는 최소 2cm에서 3cm 정도 여유가 있어야 한다. 대부분의 초보자들은 너무 길게 잡는 게 문제다. 그립을 길게 잡으면 백스윙 탑 위치에서 손을 놓았다가 다운스윙 때 다시 잡는 습관이 생긴다. 그립을 놨다 잡게 되면 스윙의 좋고 나쁨과 상관없이 타격이 불안정해진다. 이 습관은 스스로 인지할 수 없기 때문에 고치기 가장 힘든 오류 중 하나다. 사전에 방지할 수 있는 방법은 그립을 살짝 내려 잡는 것이다.

오른손 그립을 잡을 때는 사진 b04에서처럼 중지와 약지의 두 번째 마디에 걸어 잡는다.

b05- 완성된 그립.

그립이 손가락에 걸리는 부분은 검지 뿐
이다. 그립 끝은 손바닥에서 가장 두툼
한 부분에 걸쳐지게 되며 사선으로 잡히
게 된다. 사선으로 그립을 잡게 되면 처
음에 새끼손가락에 힘이 잘 들어가지 않
는다. 이때, 그립을 쥐었다 놓았다 반복
하면 빠르게 향상된다.

처음엔 그립이 단단하게 잡히지 않아 손
가락으로만 말아 쥐는 사람들이 꽤 있다.
심한 훅그립을 유발할 수 있으며 탑스윙
에서 그립을 놓치는 습관을 갖기 쉽다.

[오버랩핑]

[인터록킹]

그립의 종류에는 크게 '오버랩핑'과 '인터록킹' 두 가지가 있다.

아내 거울을 보고 웃다

그립을 잡아 보았으니 이젠 공 앞에 서는 자세에 대해 배울 차례다. 그러나 아내는 자세고 뭐고 공부터 쳐보고 싶어 안달이다. 문득 존 댈리의 레슨서가 생각났다. '골프채를 잡았으면 그냥 세게 휘두르라'는 상당히 원초적인 레슨이다. 완전 초짜인 아내한테 이런 레슨은 어떨까 싶어 한번 쳐보라고 했다.

사람들은 첫 스윙에선 대개 헛스윙을 하거나 뒤땅을 치거나 한다. 그런데 아내는 공 머리를 마치 아파치 인디언 족이 머리가죽 벗기듯 예리하게 벗겨내고 있는 것이 아닌가. 그것도 연속해서 다섯 번을 똑같이 벗겨내고 있다. 머리가 벗겨진 공은 제자리에서 30cm 정도 떴다가 앞으로 돌돌돌 굴러갔다.

신기해서 계속 보고 있자니 내 머리가죽이 다 송연해진다. 저런 기술은 처음 보는 것이라 넋 놓고 바라보고 있는데 아내가 먼저 물어본다.

"공을 잘 못 맞추겠어. 왜 그러지?"

하도 신기해서 몇 개 더 보고 싶었는데 못내 아쉽다.

"그렇게 좌우로 심하게 건들거리면서는 공 맞추기 힘들어. 어드레스를 잘 서야지."
"아! 드레스? 옷을 잘 입고 공 앞에 서야 한다? 그러고 보니 저 앞에서 치는 여자는 옷 되게 잘 입었다. 어쩐지 잘 치더라. 나도 옷 사줘!"
"아니야~ 옷 말고!"

공 앞에 서는 자세를 '어드레스' 또는 '셋업을 선다'고 한다. 이 동작 또한 그립 잡는 것만큼이나 중요하다. 그러나 많은 사람들이 그 중요성을 간과하고 있다.

셋업 모양이 단단하면서도 탄력 있게 보이면 고수다. 실제로 선수나 티칭프로들은 그 사람의 셋업자세만 보고도 실력을 가늠할 수 있다. 그립 잡는 일이나 셋업 서는 일은 상당히 예민하다. 익숙해졌다 싶어도 조금만 방심하면 틀어진다.

문제는 미세하게 조금씩 틀어지기 때문에 본인 스스로 깨닫기 힘들다는 것이다. 어느 순간 셋업 자세와 그립이 불편하게 느껴질 때 타격 또한 제대로 되고 있지 않음을 알게 된다.

전체적인 스윙 모양은 그립과 셋업에 의해 결정된다 해도 과언이 아니다. 여기서부터 일반적으로 배우는 사람과 전문적으로 배우는 사람의 실력 차가 극명하게 갈리기 시작한다. 연습시간의 양과 신체적인 능력은 두 번째 문제다.

그립 잡는 것과 셋업 서는 것에 얼마나 공을 들였는가에 따라, 1~2년 사이에 높은 경쟁력을 갖출 수도 있고 10년이 지나도 초보 실력을 벗어나지 못할 수도 있다.

좋은 그립과 셋업이 골프 잘 치는 비결, 제1원칙이다. 연습장에 도착하면 본 연습에 들어가기 전에 자신의 셋업 자세를 여러 각도로 살펴보고 확인해야 한다. 그리고 마지막으로 몸의 중심이 어디에 있는지 확인한다. 손과 어깨에 힘을 빼고 셋업을 서면 무게 중심은 단전 쪽에 걸린다. 스윙하는 내내 이 중심이 흐트러지지 않도록 주의해야 한다. 셋업 자세는 공 치는 연습에 몰두하다 보면 흐트러질 가능성이 많다. 그래서 연습이 끝난 후에도 한 번 더 여러 각도에서 확인을 해줘야 한다.

아내가 거울 앞에서 셋업을 섰다. 그러더니 프레디독처럼 고개를 쭈욱 빼 들고는 두리번거리며 자세를 살핀다.

"그렇게 얼굴을 들고 바라보면 실제 공 치는 셋업 모양하고 다르잖아. 먼저 셋업을 완성시킨

다음 눈만 살짝 치켜뜨고 거울을 봐."
"헐, 무섭다. 눈도 아프고… 어디를 어떻게 보
라는 건지…."
"허리가 굽어지진 않았는지, 어깨가 너무 모아
지진 않았는지 자꾸 봐. 많이 보면 볼수록 뭘 봐
야 하는지 알게 될 거야."
"뭐야 저거! 어머, 어머! 어떡해? 눈 주변에 기
미 작렬이다!"

  아내는 거울 앞에 서서 얼굴 여기저기를 살핀다. 한 술 더 떠
고개를 이리저리 돌려가며 얼짱 각도를 잡으며 웃고 있다. 여
자한테 거울 앞에 서서 셋업만 보라는 건 역시 무리였나 보다.

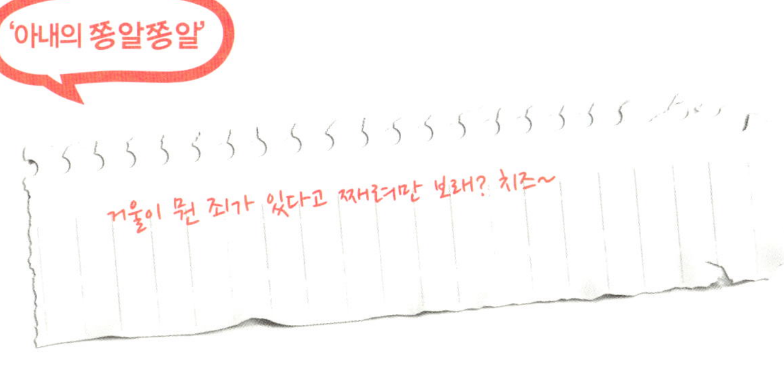

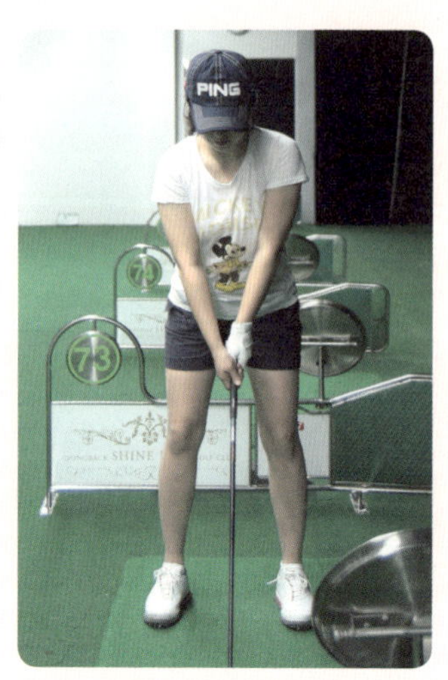

오른손이 왼손보다 밑에 잡히므로 어깨는 살짝 오른쪽으로 기울어진다. 간혹 몸의 좌우 움직임을 막기 위해 양 무릎을 조이는 초보자들이 있다. 그러나 이 같은 동작은 골반의 움직임을 비정상적으로 통제시켜 상체의 움직임이 더 커질 수 있다.
오히려 양 무릎을 바깥으로 살짝 밀어주면 발바닥이 지면을 견고하게 잡아주어 몸의 흔들림을 잡아준다.

원활한 몸통의 회전과 부상을 방지하려면 허리를 펴야 한다. 처음에는 허리를 펴라고 하면 허리가 오목하게 들어 갈 정도로 힘을 주는 경우가 많다. 가장 편안하게 허리를 펴는 방법이 있다. 공 앞에 설 때 허리가 살짝 구부려진 상태로 서는 것이다. 그 다음엔 가슴 앞판을 지그시 앞으로 밀어준다. 이 순서로 셋업을 서면 경추(목뼈)와 요추(허리뼈)에 긴장을 빼고도 얼마든지 허리를 바로 펼 수 있게 된다.

공과 몸의 거리는 어느 정도가 좋을까? 사실 여기에 정답은 없다. 멀리 둬도 되고 가까워도 된다. 기본적으로는 셋업을 선 상태에서 어깨의 힘을 빼고 팔을 늘어뜨린다. 이때 손과 다리의 거리는 주먹 하나에서 하나 반 정도가 된다. 그 위치에서 클럽을 잡는다. 몸과 손의 거리를 정했으면 매번 일정하게 유지하는 게 중요하다.

smile~

리듬의 여왕

아내는 그림과 사진을 전공했다. 그래서인지 본 것을 머릿속에서 이미지화시켜 바로 따라하는 능력이 제법 있다. 어떤 자세를 보여주면 얼추 원본에 가깝게 따라한다. 그래서 풀스윙의 이미지부터 각인시켜 보기로 했다.

아내와 나는 거울 앞에 섰다. 나는 아주 천천히 그러나 끊어지지 않는 동작으로 계속해서 스윙 모양을 보여 주었다. 그러면 아내가 같이 따라 했다. 매번 다르긴 하지만 생각보다 잘 따라 한다.

"아웅~ 답답허담. 빨리 쳐보고 싶어."
"좋아. 여기 클럽들 중에서 제일 쳐보고 싶은 게 뭐야?"

아내는 손가락으로 드라이버를 가리킨다.

"오케이! 드라이버 가져와봐. 공 한번 때려보
자."
"우와아아~"

아내는 용의 문서를 획득한 쿵푸팬더처럼 소리치며 달려갔
다. 드라이버 커버는 달려오는 도중 어디론가 휙! 날아가고.

나는 아내 앞에 서서 스윙의 모양을 다시 한 번 간략하게 보
여 주었다. 아내는 내가 하는 동작을 몇 번 훑어보더니 말릴 틈
도 없이 바로 스윙을 했다. "쾅!" 하는 요란한 소리와 함께 공
은 천정을 맞췄다. 앞 타석에서 연습하던 사람들이 동시에 손
으로 머리를 감싸고 몸을 사린다.

이런 때 대개 사람들은 스스로 초래한 상황에 놀라고 민망해
한다. 첫 드라이브 샷이 천정을 맞췄을 때 상당히 많은 사람들
이 드라이브 샷에 트라우마를 가진다. 그러나 아내는 놀란 기
색조차 없이 바로 다음 공이 올라오는 것만 기다리고 있다. 표
정이 딱 두더지 잡기 놀이 할 때 표정이다.

아내는 천정을 두 번, 타이거 우즈를 능가하는 스팅어 샷(일
부러 아주 낮게 치는 샷) 네 개, 앞사람 위협구 한 개를 끝으로
나의 제재를 받았다. 아내는 무슨 일이 있었냐는 표정으로 생

글거리며 쳐다본다. 표정을 보니 일단 흥미는 있는 것 같아 다행이다.

"공이 참 성의 없이 날아간다. 몇 개는 어디로 갔는지 보이지도 않아."
"그렇게 계속 연습하다간 연습장에 남아나는 게 없겠다. 왜 그렇게 안 맞을까?"
"음, 스윙이 개떡 같아서!"
"스윙 모양은 수개월 연습한 사람처럼 그럴듯해. 문제는 스윙을 휘두르는 속도야."
"속도? 왜? 너무 빨라? 빠르면 좋은 거 아닌가? 이번엔 타이거 우즈보다 더 빨랐어. 그치?"
"스윙 속도는 빠르고 느리고를 떠나 리듬이 일정해야 돼. 빠르다고 무조건 좋은 건 아니야. 본인이 그 속도를 감당할 수 있어야 돼."

좋은 스윙 자세는 좋은 타격을 만들어내는 데 큰 도움을 준다. 하지만 타격에 있어서 스윙 모양보다 더 중요한 것은 일정한 리듬이다. 좋은 스윙을 만들려고 노력하는 이유는 자신에게 적합한 스윙 리듬을 보다 쉽게, 일관성 있게 내기 위해서다.

“맞아. 내 스윙은 너무 빨라. 타이거 우즈 경기만 보다 보니 내가 이미 그 자체가 돼 있네.”

“뭐라는 거야. 다시 잘 봐. 이번엔 속으로 숫자를 세면서 쳐볼게. 클럽이 스윙을 시작하는 그 순간 하나를 세고, 공을 맞출 때 둘을 세는 거야. 하나를 길게 세어. 하나아아아 하고. 알았지?”

“하나아아아는 너무 늘어지지 않아? 하나아 하고 바로 둘 갈게.”

“하이고오~ 그러세요. 대신 부드러운 속도로 휘둘러.”

몇 분이 지나자 아내의 스윙 속도가 제법 부드러워졌다. 하지만 아직 정타를 맞추지 못해 공은 계속 이리저리 굴러 가고 있다. 클럽 페이스 면에 공이 일정하게 맞지 않는다는 것은 대부분 스윙 리듬의 불안정 때문이다. 몇 년 이상 훈련을 받은 선수라 할지라도 스윙 리듬이 안정적이지 못하면 타격은 초보자처럼 엉망이 된다.

아내의 스윙 속도는 일정해졌는데 리듬이 툭툭 끊긴다. 이는 필시 스윙하는 도중 갑작스럽게 과도한 힘이 들어가기 때문이다.

"공을 너무 세게 때리려고 하니까 그런 거야.
이번엔 공이 없다고 생각하고, 스윙 시작했으
면 피니시까지 한 번에 가봐."
'눈앞에 공이 보이는데 없다고 생각하라니…
이젠 연기까지 하라네.'

아내가 눈에 초점을 빼더니 무슨 무용하듯 스윙을 한다.

"그건 뭐하는 거야?"
"아하하하하! 눈에 띄어? 아~ 이런 발 연기! 보
이는데 안 보이는 척 하려니까 되게 힘드네."
"그냥 공 없이 연습 스윙하는 식으로 휘둘러보
라는 거지. 공을 잘 맞추려고 노력을 하지 마."

아내는 공 없이 연습 스윙을 두 번 정도 하고 바로 공을 놓고
치는 연습을 되풀이했다. 갑자기 공 하나가 경쾌한 소리를 내더
니 예쁜 포물선을 그리며 80m 정도에 떨어졌다. 둘 다 놀라서
마주 쳐다보았다. 아내는 바다를 처음 본 아이마냥 신기해 한
다. 신이 제대로 난 아내는 내일 아침까지 연습할 기세다.
전통적인 레슨방법은 퍼팅을 시작으로 작은 스윙의 원리부
터 터득해간다. 하지만 그 방식은 아내 스타일이 아니다. 돌아

가더라도 재미를 먼저 느끼게 해주어야 할 것 같다. 조금만 더 지켜보다가 끌어내야겠다.

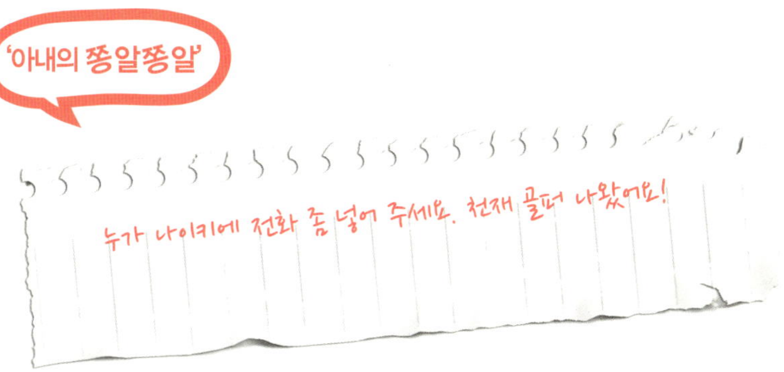

a01

a02

a03

a04

스윙의 모양이 어느 정도 갖춰졌으면 리듬을 타서 공을 치는 연습
도 병행해야 한다.
리듬 연습을 할 땐 긴 채로 연습하는 게 효과가 좋다.

a05

a06

a07

이 연습의 특징은 공을 잘 치려고 노력하지 않는다는 데 있다. 스윙 모양도 너무 신경 쓰지 말고 오로지 일정한 속도로만 계속 휘두른다. 리듬이 일정해지면 타이밍이 좋아져 타격은 저절로 향상된다.

아내의 영광

조그만 공을 80m까지 날려 본 아내는 틈만 나면 그 사실을 확인하고 기뻐하고 가슴 벅차하고, 하고 또 하고 했지만 그날 이후 아내의 영광은 좀처럼 재현되지 않았다.

"아, 오늘 이상하네… 보통 세 개 중에 하나는 잘 맞았는데."

골프공이 안 맞는 데는 1,001가지 변명이 있다고 하는데 그중 1,001번째가 바로 '오늘 이상하네'라고 한다. 초짜 골퍼가 시작과 동시에 1,001번째 이유를 들먹이다니. 아내는 점점 무리수를 두기 시작한다. 하지만 공은 그럴수록 약 올리듯 요리 조리 굴러간다. 저러다 어디가 부러지고 말지 싶어 제지하려는 순간 놀라운 아내의 헛스윙! 모자는 날아가고 몸은 돌돌돌… 꽈배

기처럼 말렸다. 아내는 고개를 빼꼼 돌려 공 있는 곳을 바라본
다. 공은 그대로 있다.

"이상하다? 이젠 맞추지도 못하네."
"그렇게 덤빈다고 될 문제가 아니야. 내가 비밀
을 알려줄게."

아내의 눈이 반짝거린다. 한 번의 영광을 끝으로 절망을 맛본
아내는 비밀이란 말에 턱밑까지 다가왔다. 클럽 헤드를 마이크
처럼 쥐고 내 입 앞에 갔다 대며 속삭인다.

"잘 치는 비밀이 있단 말이죠? 그걸 이제야 말
하는 이유가 뭐지요? 어떤 정치적인 의도가 있
나요?"
"말할 틈도 안주고 덤벼 대니까 그렇지. 일단
스윙크기를 통제하는 방법인데…."

꼴깍!
아내는 침까지 삼켜가며 귀를 기울인다.

"이제부터 클럽의 스위트스팟(클럽 헤드면에

서 반발력이 가장 좋은 부분)을 일정하게 맞추
는 연습을 할 거야.”

꼴깍!

“근데 지금 우리는 왜 속삭이고 있는 거야?”
“비밀이라며?”
“지금 이 층에 우리 둘밖에 없거든?”

아내가 입까지 가리며 속삭인다.

“저 뒤에 한 명 있어.”
“어휴, 됐어! 저리 가. 공을 정확하게 맞춰내려
면 스윙 리듬 외에 한 가지를 더 훈련해야 돼.
바로 스윙이 다니는 길을 일정하게 만들어 주
는 거지.”
“리듬만 일정하면 다 되는 것처럼 얘기하더니,
뭐가 자꾸 나오네?”
“틀을 만들어 놓고 거기에 일정한 리듬을 넣어
주면 반복성이 좋아져. 그럼 매번 비슷한 수준
의 타격이 가능해지지.”

한 방 제대로 공을 날려 보낸 바 있는 아내는 절대로 세게 치는 걸 멈추지 않을 것 같다. 그래서 반대로 스윙을 줄여나가 보기로 했다. 스윙을 줄여 나가면 스윙에 속도가 붙지 않아 동작을 세밀하게 다듬을 수 있다.

"지금부터 아이언으로 연습해 볼게."
"드라이버로 하면 안 돼?"
"안 될 건 없는데 스윙 모양을 만들려면 짧은 클럽으로 연습하는 게 효과가 더 좋아. 스윙 리듬 만들 땐 긴 채가 좋고."

스윙 모양을 만들 땐 천천히 그림 그리듯 반복해야 몸이 빠르게 받아들인다.

"이제 스윙할 때 손 높이를 가슴 높이까지만 들어. 그리고 힘 빼고 팔 무게와 클럽 무게로만 떨어뜨리듯이 부드럽게 휘둘러봐. 한 가지 더 못 박아둘 게 있는데 이 연습은 거리 내는 연습이 아니란 거야. 모양새 흐트러지지 않게 천천히 휘둘러."

천천히 하는 스윙이 처음에는 더 하기 힘들다. 아내는 스윙 모양까지 신경 쓰면서 치려니 더 힘이 드는가 보다. 막 휘두를 때의 에너지는 간 데 없고 열댓 개 해보더니 내 눈치만 슬슬 본다. 재미없으니 그만하고 싶다는 신호다. 나는 아무 말 없이 손짓으로 계속하라는 신호를 보냈다. 아내의 입이 점점 나오기 시작한다.

순간 공 하나가 찰칵하는 소리와 함께 20m 정도를 날아갔다. 이런 바삭바삭한 소리는 완벽하게 정타를 친 소리다. 클럽이 공을 먼저 맞히고 땅을 쳤을 때 나는 소리다. 영어로도 '크리스피 사운드(Crispy Sound)'라고 한다.

한 번 정타가 나오자 비로소 비슷비슷한 수준의 타격이 이어진다. 아내는 공이 안 맞을 땐 온갖 투정을 다 부린다. 그러다 잘되기 시작하면 입이 바로 귀에 걸린다. 얄밉기도 하고 귀엽기도 하다. 한 번 잘되기 시작하니까 의욕이 넘친다. 너무 넘친다. 무리에 가깝다.

연습 시간이 종료되고 서비스 시간까지 종료됐다. 아내는 먹이를 찾아 어슬렁거리는 하이에나처럼 여기저기 굴러다니는 공을 찾는다. 오늘도 이쯤에서 끌어내야 할 것 같다.

'아내의 쫑알쫑알'

비밀을 알았으니 오늘은 이만 하산해야겠다!

사진 a01~a02

타격의 일관성이 좋지 않은 초보자들에게 좋은 연습이다.
먼저 만만한 8번이나 7번 아이언으로 연습해 본다. 손목을 이용해서 팔과 클럽 샤프트 각도를 90도 정도로 만든다. 이때 손의 높이는 가슴 높이 이상 들지 않는다.
공을 치려고 할 땐 손과 클럽이 올라가는 속도 때문에 가슴 높이 이상을 지나치는 경우가 많다. 그래서 처음엔 최대 스윙 속도의 절반 정도로만 연습하는 게 효과적이다.

타이밍 상 손이 다운스윙을 시작하면 손목으로 반대편 모양도 똑같이 팔과 클럽 샤프트 각도를 90도로 만들어 준다.

이 간단해 보이는 연습은 스윙 속도와 타격의 일관성을 향상시켜 준다.

아내의 꿈

하프스윙이 어느 정도 틀을 잡자 아내의 스윙이 점점 커지기 시작한다. 눈부신 포물선의 80m짜리 샷이 눈앞에 어른거리나 보다.

골프를 연습하면서 거리를 내고자 함은 본능이다. 그래서 어린 학생들을 가르칠 땐 스윙 동작에 관해 많은 정보를 주지 않는다. 그러면 그들은 손끝부터 발끝까지 모든 힘을 이용해 공을 때려낸다. 실패와 성공을 반복하면서 강한 타격을 몸에 본능으로 학습시킨다. 스윙 기술은 이후에 조금씩 통제시키며 가르친다.

"나도 본능적으로 훈련하면 안 돼? 왜 나는 자연스럽게 못하게 해? 난 이미 본능을 넘어선 거야?"

"그렇게 연습하려면 조건이 있어. 나이가 어리

거나 아님 아주 유연해야 돼. 그렇지 않으면 부
상의 위험이 너무 커. 그리고 우리 나이엔 다치
면 잘 낫지도 않아.”
“우리에 난 포함 시키지 말지? 난 자기보다 네
살이나 어리다고.”
“어쨌든 운동은 부상 없이 훈련하는 게 제일 좋
은 거야. 그러니까 스윙 틀부터 만들어 놓고 그
안에 본능을 넣어봐.”
“아우~ 답답해, 하프스윙으로 치니까 거리가
안 나잖아.”
“하프스윙이어서가 아니라 공을 정확하게 못
맞춰서 그런 거야. 스윙을 더 줄여서 연습해 보
자.”
“여기서 더 줄이라고? 그럼 그게 게이트볼이지
골프야?”
“게이트볼을 무시하지 마. 그것도 정타 못 치면
원하는 대로 안 간다고. 자기가 왕할머니 게이
트볼을 이길 수 있을 거 같아?

　아내의 외할머니를 왕할머니라고 부르는데 역삼동 게이트볼
클럽의 스타급이시다.

학생들을 가르칠 때도 허리선 아래에서 이루어지는 스윙이 전체 골프 스윙의 80%를 좌우한다고 강조했었다. 이 아무것도 아닌 것 같은 작은 스윙을 만드는 데 의외로 시간이 많이 걸린다. 하지만 만들 줄 알게 되면 전체적인 스윙에 대한 이해가 엄청나게 빨라진다.

"그러니까 핵심부터 연습해 보자."
"좋지. 작은 스윙. 귀엽기도 하고."

순순히 말을 듣나 했더니 결연한 목소리로 다음 말을 잇는다.

"나 다섯 번만 내 생각대로 쳐볼게. 그 다음에… 작은 스윙 하자고."

폐장시간을 얼마 남기지 않은 놀이동산에서 마지막 놀이기구에 탐닉하는 아이 모습이다.

"아! 이건 아니고… 아! 이게 아닌데. 아! 어?"

행여나 내가 멈추게 할까봐 칠 때마다 "아니고"를 외친다. 다섯 번만 쳐보겠다고 한 게 이미 스무 개째를 넘어가고 있고 갈

수록 아내의 "아니고"는 비명으로 변해가고 있다.

조그맣고 귀여운 스윙보다는 우선 시원하게 한 방 날려보고 싶은 아내의 꿈은 쉽사리 이루어지지 않았다. 스물네 번째 스윙에서 공이 천정을 맞히자 고개를 푹 숙인 채 입을 내밀고 의자에 털썩 앉는다.

"나 쉴 거야."

나는 아무 소리 않고 아내의 드라이버를 들고 타석에 섰다. 그리고 아주 부드러운 스윙으로 연속해서 공을 200m 정도 일정하게 날려 보냈다. 얼마나 쳤을까. 셋업을 고쳐 서는데 언제 왔는지 아내가 코앞까지 와서 드라이버와 나를 번갈아 쳐다본다.

"오올~ 괜찮타아! 어떻게 하는 거야?"
"작은 스윙을 잘하면 되지."
"작은 스윙, 작은 스윙… 한 방 시원하게 날려 보고 싶은데 자긴 왜 자꾸 작은 스윙 타령만 해?"

"타령이 아니라 이 안에 답이 있다니까. 허리선 아래에서 이루어지는 클럽 궤적의 움직임을 익혀 놓으면 공 맞추는 일이 엄청 편해진다고."

아내는 드라이버와 저 멀리 연습장 끝을 번갈아 쳐다보더니 말을 듣겠다는 표정을 지어 보인다.

"오케이, 숏 아이언 가져와봐."
"쇼다윤이 머얌? 내 백에 있는 거야?"
"9번, 8번이 숏 아이언, 7번, 6번이 미드 아이언, 5번, 4번이 롱 아이언이라 생각하면 돼. 9번으로 시작해보자."

아내는 거의 순간이동으로 6번 아이언을 들고 나타났다.

"그건 6번이고."

아내는 다시 팟! 하고 사라지더니 9번을 들고 나타났다. 너무나 간단해 보이는 이 작고 귀여운 스윙은 사실 많이 복잡하다. 스위스 시계의 정교한 톱니들처럼 일사불란하게 움직여 주어야 한다. 알고 나면 간단한 이 동작은 알기까지의 과정에 많은 인내가 필요하다. 생각보다 어려운 미션을 접한 아내는 작은 스윙으로도 공이 잘 맞지 않자 슬슬 짜증이 나는 눈치다. 그럴 때마다 나는 앞에서 짱짱한 드라이버 샷을 보여준다. 그러면 아내는 다시 '열공'에 빠진다. 역시 공을 멀리 때려보고 싶은 일은 남녀노소 모두의 로망임이 확실한 것 같다.

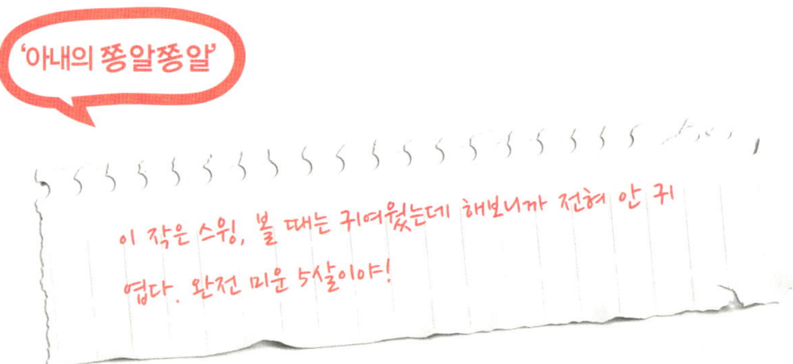

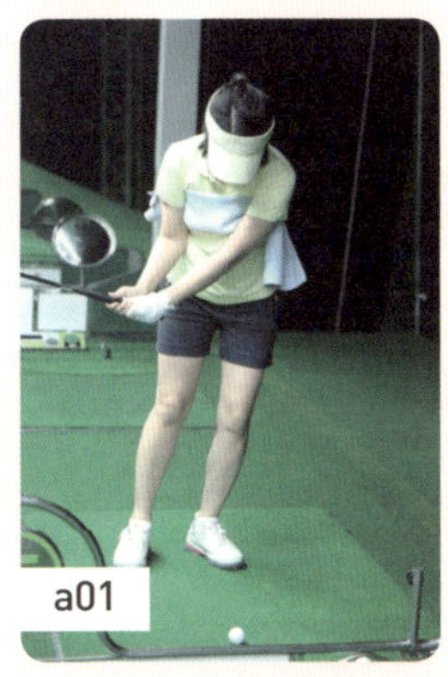

사진a01~a03

수건을 양 팔 겨드랑이에 낀 상태로 스윙 연습을 하면 된다. 연습 시 주의할 점은 수건을 낀 상태의 스윙 크기가 절대로 하프스윙 이상을 넘기면 안 된다는 점이다. 처음엔 답답하고 엄청 불편하다. 하지만 익숙해지는 순간 수준급의 스윙 조화를 얻을 수 있게 된다.

나는 스윙의 모양을 향상시켜 준다는 연습 보조 기구들에 대한 믿음이 별로 없다. 미국 골프 채널에선 거의 매일 보조 기구 신제품들이 나온다. 광고들을 얼마나 잘하는지 그 보조기구만 있으면 바로 골프의 종결자가 될 것만 같았다. 한 1년 정도는 일주일에 두세 개씩 모은 것 같다.

써보면 아예 말도 안되는 게 있는가 하면 꽤 쓸 만한 아이디어를 주는 제품들도 있다. 그래도 결국 보조 기구를 몸에서 분리시키는 순간 몸은 원래 자리로 돌아간다. 보조 기구보단 프로에게 레슨을 받는 게 훨씬 시간을 절약할 수 있다.

그래도 단 한 가지 이것만은 골프 역사상 최고의 보조 기구가 아닌가 싶다. 바로 수건이다. 골프 스윙의 핵심은 팔과 몸의 커넥션이다. 이 조화가 만들어지지 않으면 절대 좋은 스윙은 나올 수 없다. 커넥션 연습은 바로 이 수건이 확실하게 도와준다.

프로페셔널한 스윙을 갖추려면 몸과 팔이 필수적으로 커넥션을 이뤄야 한다.

팔 동작이 몸에서 멀어지는 순간 올바른 타격은 이루어질 수 없다.

느림의 미학

스케일이 작다는 이유로 작은 스윙을 무시하던 아내가 진땀을 흘리고 있다. 아내는 지금까지 별다른 기술 없이도 그럭저럭 공을 맞춰봤던 뛰어나신 분. 이까짓 작은 스윙 정도야 몇 번 해보면 금방 익숙해지리라 생각했던 모양이다. 테이블 위에는 방금 뽑아온 차디찬 이온음료까지 모셔 놨다. 마치 이 술이 식기 전에 싸움을 끝내고 돌아오겠다던 관우의 자신감이 빙의된 듯하다.

다시 설명하지만 이 작은 스윙은 운동의 달인이라 할지라도 단기간에 구축하기는 힘들다. 특히 연습시간을 많이 가질 수 없는 일반인에게는 수개월 이상의 인내를 요한다. 꽤 오랫동안 집중하던 아내가 갑자기 뭐라고 혼자 투덜거리더니 이미 뜨뜻해진 음료를 잡아먹듯 마셔버린다. 그리고 다시 구시렁대면서 타석으로 돌아간다. 꽤나 지루한 연습임에도 계속 집중하는 걸 보니 정말 잘치고 싶긴 한가 보다. 이제야 비로소 놀이를 넘어 진정한 연습의 세계로 빠져드는 모습이다. 시간으로 따지면 4시간이 채 안되지만 그래도 그간 3일 동안의 열중이 기특하다.

"이제 스윙을 좀 키워볼까?"
"와~ 나 마스터한 거야?"
"음… 마스터까지는 아니고 비슷해. 너무 한 가지만 오래 연습하면 지루할 것 같아서."

스윙을 만들 때 잘 안 되는 부분에 시간을 집중시키면 성장속도가 급격히 증가한다. 하지만 어느 순간 성장이 뚝 멈춰버릴 때가 있다. 이때는 미흡하더라도 바로 다음 단계로 넘어가야 한다. 그리고 다시 돌아가 복습하면 성장에 다시 속도가 붙는다.

"이제부터는 스윙할 때 움직임의 속도와 위치를 정확히 해줘야 돼."

새로운 미션을 부여받은 아내가 침을 꼴깍 삼키며 그립을 '뽀드득' 소리가 나도록 말아 쥔다.

"이번에도 공을 세게 치지는 않을 거야."
"왜에?!"

아직도 공을 세게 쳐서는 안 된다는 말에 적이 실망한 모양이다. 그러나 골프는 약속된 동작이 영점 몇 초 내에 정확한 조화를 이뤄내야 하는 운동이다. 그것이 가능해지려면 그림 그리듯 아주 느린 동작으로 무한 반복해야 한다. 처음엔 느린 동작도 쉽지 않다. 오히려 더 어렵고 몸에 부담도 많이 간다. 반복하다 보면 서툴던 동작이 어느 순간 매끈해질 때가 있다. 이때 스윙의 속도를 올려 연습한다. 그러면 빠른 스윙에서도 정교한 동작이 가능해진다.

"일단 작은 스윙은 이 몸이 졸업한 거지?"
"아니지. 그 몸이 매일 반복해야지. 골프 연습에 졸업이란 없어."
"천천히 하는 동작이 더 힘들다. 시간마저 천천히 가는 것 같아. 기분 이상하다."

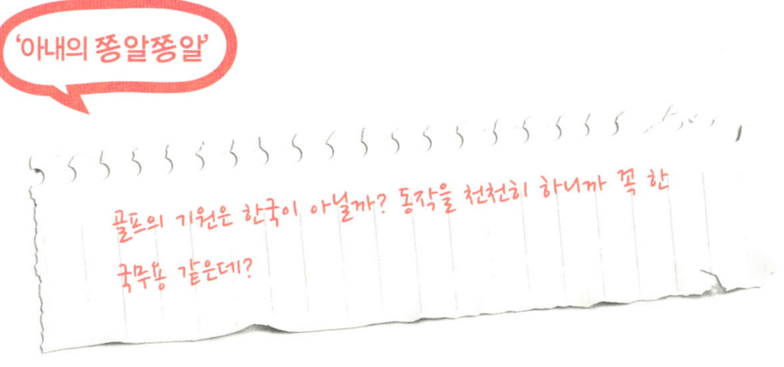

백스윙이 어렵게 느껴지는 이유는 몸통 회전과 팔 동작의 속도를 못 맞춰서다. 두 가지의 속도에만 집중하면 어렵지 않게 백스윙을 만들어 낼 수 있다.

손이 오른쪽 다리를 지나갈 때 몸통은 40도 이상 회전해 있어야
한다.
몸통의 회전보다 손의 속도가 빠르면 몸은 사실상 회전을 멈춘다.
이렇게 되면 손으로 스윙의 원을 그리게 되고 몸은 회전이 아닌
우측으로 밀리는 현상이 생긴다. 다운스윙을 내릴 공간이 만들어
지질 않아 스윙이 답답해진다.
반대로 손의 속도보다 몸통 회전이 빠르면 손은 몸통 회전 방향으
로 같이 따라 돈다. 결과적으로 심하게 엎어 치는 스윙이 나올 수
있다.

이렇듯 백스윙은 손과 몸통의 회전 속도가 서로 약속이 되어 있어
야 한다.

사진 a02~a03

첫 번째 조건을 만들었으면 두 번째는 훨씬 쉽다. 손이 어깨 높이 정도 왔을 때 몸통은 90도 정도로 회전해 있으면 된다. 정면에서 봤을 때 손의 위치는 어깨 높이이며 측면에서 봤을 땐 오른쪽 어깨 부분에 위치한다. 나머지 스윙은 굳이 만들 필요 없다. 최대 비거리를 내는 스윙 속도로 휘두르면 어깨 높이 위치에서 멈추려고 해도 귀 높이 이상 올라갈 것이다.

처음에 이 속도를 몸에 익히려면 아주 느린 속도로 시작해야 한다. 그리고 익숙해질수록 빠르게 휘두르면 된다.

치킨 한 조각과 냉면

아내는 재미도 없고 허리만 아픈 작은 스윙에서 일단 벗어났다는 것만으로도 이 세상은 한번 살아볼 만하다고 생각하는 것 같았다. 고로 사람은 일부러라도 구두 속에 자기얼굴을 묻어볼 일이다. 그 다음 펼쳐질 환한 세상을 보기 위해서. 아내는 열심히 손과 몸 움직임의 속도를 맞추고 있다. 특히 테이크 백 정점에서 하프스윙으로의 전환 부분이 아직 매끄럽지가 않다. 아내는 구분 동작으로 나누어서 들어보기도 하고 천천히 동작을 이어보기도 한다. 그러면서 간간히 내 눈치를 보고 있다. 조만간 뭘 시도해 보겠다는 전조현상이 틀림없다.

아니나 다를까 잠깐 내 연습에 몰두해 있을 때 아내의 스윙이 빠르게 휘익 올라간다.

"워~워~ 뭐하는 거야? 갑자기 왜 그렇게 빨라

저?”

백스윙 탑에서 멈칫한 아내는 고개를 돌려 나를 보더니 ‘씨~익!’ 하고 웃는다.

“아직 스윙이 많이 흔들려. 천천히 조화 맞추는 연습을 조금만 더 해봐.”

아내는 잠시 나를 향해 숨을 고르더니 골프의 기본원리를 일갈한다.

“골프는 그냥 골프채 들었다 치면 되는 거 아냐?”

어떻게 알았지? 백 번 천 번 맞다. 골프는 그냥 들었다 치면 되는 거다. 문제는 그 동작이 매번 똑같아야 한다는 것이다. 그 일관성을 만들기 위해 사람들은 연구에 연구를 거듭한다.

좋은 스윙은 시작부터 끝까지 한 동작처럼 보인다. 그러나 스윙은 사실 한 동작이 아니다. 예를 들면 클럽이 처음 움직이는 구간, 그 구간에서 하프스윙으로의 전환, 그리고 다리의 움직임, 그리고 다운 스윙, 이런 조각 동작들의 집합이다. 하나의 스윙을 여러 개의 조각으로 나누고 다시 이어 붙이는 것이다. 이어 붙이는 것이 몸에 익숙해지면 기계 같은 동작들에 생명을 불어 넣는 작업을 한다. 그것이 리듬 연습이다. 그러면 비로소 여러 개의 조각 동작들이 일사불란하게 하나의 원처럼 이어진다. 남아공 출신의 어니 엘스는 PGA투어 역사상 가장 정교하고 아름다운 스윙을 구사한다. 이 선수는 한 때 자신의 스윙을 24조각까지 나누어 연습한다고 했다.

"우리 연습 끝나면 치킨집 갈까?"
"뭐?"
"몇 조각, 몇 조각 하니까 치킨 먹고 싶잖아. 끝나고 치킨에 맥주 한 잔 쭈~욱! 어때?"

나도 모르게 침이 꼴깍 넘어간다. 머릿속이 멍해지면서 아무 생각도 나지 않는다. 연습이고 뭐고 빨리 가고 싶다. 아니야. 정신 차리자. 이러다 말려든다.

"하루에 연습 많이 해봐야 한 시간에서 한 시간 반이야. 집중 좀 해봐. 그리고 조각 연습하면서 동시에 같이 해야 할 게 있어."
"하나 하기도 힘든데 뭘 두 개씩이나… 인간의

몸으로 할 수 있는 것만 알려줘.”
“측면에서 보는 스윙 궤적도 같이 연습할 거
야.”

이것을 스윙 면(플레인)이라고 한다. 스윙 면의 종류는 여러 가지로 분류할 수 있으나 크게 단일 면과 이중 면, 두 가지로 나눈다. 이 두 가지 중 ‘어느 것이 더 효과적이다’라는 건 없다. 자신의 신체적 개성을 고려해 구축해 나가면 된다.

“나는 어떤 면으로 연습해야 돼?”
“흠… 굳이 어떤 면이라고 얘기해야 한다면 이
중 면이 아닐까 싶어.”
“음… 뭔 소린지는 모르겠지만 그 면으로 하자
고. 오늘처럼 후덥지근한 날엔 냉면도 좋은데.”
“냉면 좋다! 난 평양냉면!”

아내가 어느 샌가 ‘룰루랄라’ 골프백을 정리하면서 갈 채비를 한다.

“아~ 잠깐! 완전 말릴 뻔 했어. 아직 30분이나
남았는데 끝내고 가야지.”

　나는 아내 팔을 잡고 타석으로 다시 밀어 넣었다. 아내는 연습 방법이 마음에 안 들면 어떻게든 빠져나갈 꼼수를 부린다. 미안. 재미없더라도 알고 가야할 게 있는 법….

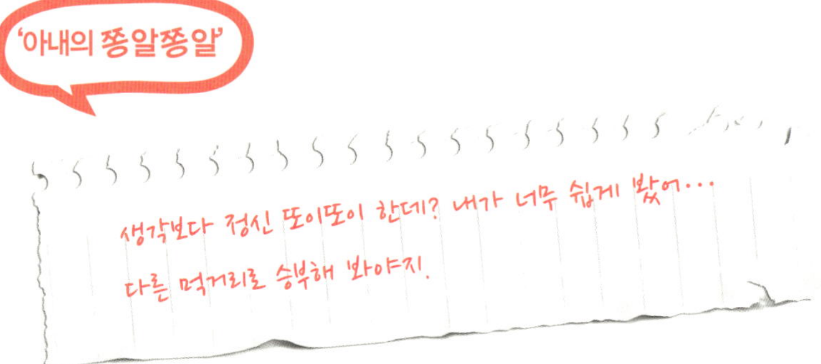

가장 올바른 형태의 테이크 백 정점. 샤프트 방향이 스탠스 선 방향과 평행을 이뤄야 한다. 테이크 백 정점에서 평행을 이루면 백스윙 탑 위치에서도 평행을 이루기 쉽다. 이렇게 두 위치에서 평행을 이뤄야하는 이유는 다운스윙을 똑바로 내리기 위해서이다.

초보자들이 많이 하는 안으로 빠지는 테이크 백. 정점 위치가 이렇게 안으로 빠지면 스윙 탑 위치 또한 평행을 이루기 힘들어진다. 트위스티드 스윙이라고도 하는데 다운스윙 시 심하게 내쳐지는 인-아웃성 스윙 궤적이 만들어지거나 반대로 엎어 때리는 동작이 나올 수도 있다.

사진 c01~c02

테이크 백 정점에서 클럽헤드 위치가 평행선보다 밖인 경우. 몸통의 원활한 회전이 되지 않으며 스윙 탑에서 클럽헤드가 쳐지는 이른바 '레이드 아웃' 현상이 나오게 된다. 공이 얇게 타격되는 경우가 많아 비거리가 일정하게 나오지 않게 된다.

백스윙과 다운스윙

아내가 거울 앞에서 떠날 줄을 모른다. 이제는 거울 앞에서 스윙 보는 자세도 제법 그럴듯하다. 테이크 백 동작을 반복하던 아내가 마치 정지 버튼을 누른 것처럼 멈춰 섰다. 그러더니 거울에 비친 본인의 모습을 뚫어져라 응시한다. 어딘가를 바라보고는 있는데 정확히 어딘지는 모르겠다. 섬뜩할 정도의 집중력이다.

나는 슬며시 다가가 아내를 불렀다. 아내는 화들짝 놀라며 집중을 풀었다.

"왜 그래? 뭘 보고 있는 거야?"
"어? 아무것도 아니야….."
"왜? 뭔데?"
"어제 인터넷 쇼핑몰에서 옷 하나 샀거든… 지

많은 사람들이 백스윙 연습을 할 때 백스윙 탑 동작에 신경을 많이 쓴다. 그러나 백스윙의 완성은 테이크 백 동작에 달려 있다. 프로선수들이 테이크 백 연습에 몰두하는 이유다.

1998년 샌디에이고 토리파인즈에서 열렸던 뷰익 인비테이션에서 타이거 우즈의 연습을 지켜본 적이 있다. 당시 타이거의 캐디였던 마이크 코웬은 연습장에서 타이거가 만드는 테이크 백 동작이 한 방향으로 갈 수 있게 매번 도와주었다.

타이거 우즈는 1997년 마스터즈 우승과 함께 역사상 가장 완벽한 선수 중 하나라는 평을 받는다. 그런 그도 시합에 앞서 테이크 백 연습을 한다. 테이크 백 위치를 정확하게 잡아 놓아야 백스윙을 끝까지 바르게 올릴 수 있기 때문이다.

"왜 백스윙을 똑바로 올리는 게 중요할 거 같아? 대충 편한 대로 올리면 되지."

"내가 막 물어 보려고 했는데… 그렇게 복잡하게 해야 되는 이유가 뭐야? 그리고 꼭 똑바로 올려야 돼? 선수들 스윙 봐도 다 다르게 올리는 거 같던데? 그냥 본능에 따라 올리면 안 돼?"

"배우지 않고 본능만으로 올바른 동작을 만들긴 힘들지. 선수들마다 모양이 조금씩 다르긴 한데 테이크 백 동작만큼은 다들 유사해. 그리고 절대 복잡하지 않아. 지켜야 할 동작들을 무시하고 스윙을 만들면 오히려 더 복잡해져."

"내 본능을 막 무시하는데?"

"자기 본능은 배드민턴 칠 때 이미 다 알아봤지. 백스윙을 똑바로 들려고 노력하는 이유는 다운스윙을 똑바로 내리기 위해서야. 백스윙을 올렸을 때 다운스윙을 어떻게 내려야 할지 모르겠다면 처음부터 잘못 올렸을 가능성이 높아."

"똑바로 올렸다 똑바로 내리고 속도 조화도 맞춰야 되고… 이거 혹시 말로만 가능한 거 아니야?"

"그러니까 익숙해질 때까진 천천히 반복해야 돼. 몸은 일정한 반복이 지속되면 어떤 동작이든 만들어 내니까."

"하~ 반복한다고 진짜 이 모든 동작이 만들어지나?"

"믿어봐. 제대로만 연습하면 생각만큼 오래 걸리지도 않아. 다운스윙을 똑바로 잡아당겨 내릴 수 있으면 스윙 속도가 빨라져서 거리도 많이 나게 돼."

아내는 거리에 대한 욕심이 대단하다. 연습하기가 싫어 온몸을 비틀어 댈 때도 "거리 나오는 연습 가르쳐 줄까?" 하면 쪼르르 달려온다. 지금도 '거리'라는 말을 듣더니 총총히 타석으로 들어간다.

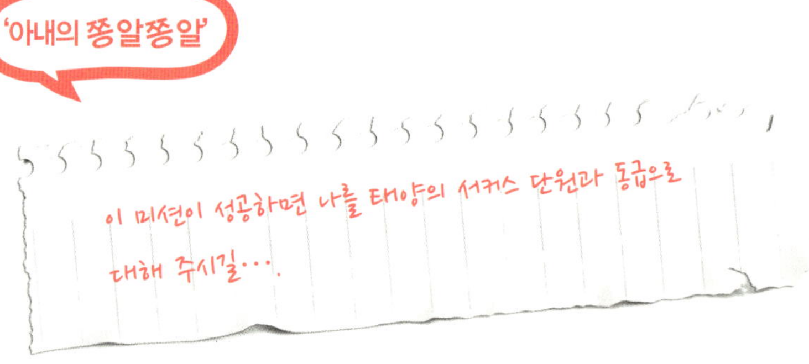

팔과 몸통은 속도의 조화가 이뤄져야 하지만 움직이는 방향은 서로 달라야 한다. 팔은 위아래로 움직이고 몸통은 수평 회전을 한다. 팔과 몸통의 커넥션을 잘못 이해하면 서로 붙어서 한 방향으로 움직이게 된다. 이렇게 움직이면 다운스윙 속도도 느려지고 퍼올리는 타격 형태로 인해 공의 궤적이 심하게 뜰 수 있다.

a01

사진 a01

백스윙 탑 동작에서 몇 초 동안 멈추어 있으면서 두 어깨와 목 부분에 긴장을 충분히 풀어본다. 그리고 오로지 팔과 클럽 무게의 중량으로만 스윙을 허리 선까지 떨어뜨려 본다. 이 연습에선 팔 동작이 몸에서 완전 분리된 것처럼 팔만 떨어뜨려야 한다. 몸통의 회전이나 다리 동작은 전혀 쓰지 않는다.

a02

사진 a02

허리 선상에서 멈춘 스윙을 다시 천천히 탑 동작으로 가져간다. 그리고 다시 처음 했던 동작을 이어서 한 번 더 반복한다.

사진 a03~a04

이렇게 두 번의 중력에 의한 위아래 펌핑 동작 이후, 바로 속도를
살짝 가속시켜 공을 쳐 본다.
임팩트 동작에서 오른쪽 어깨가 많이 떨어지지 않아 깔끔한 타격
으로 연결된다.

이 연습은 스윙 속도를 증가시켜 비거리가 향상된다.

스윙의 시동을 걸다

아내는 언제부터인가 먼 산을 보는 횟수가 많아졌다. 나는 대체적으로 아내 앞 타석에서 연습을 한다. 어느 순간 아무 소리도 들리지 않아 뒤돌아보면 아니나 다를까 아내는 멍 때리고 계신다.

"뭐 해?"

아내는 마치 술 취한 사람처럼 눈을 게슴츠레 뜬 채 천천히 고개를 돌려 날 쳐다본다.

"난 왜 실력이 늘질 않지? 연습량 대비 결과가 안 좋은 거 같아. 아무리 내가 운동신경이 떨어져도 그렇지…."

아내의 자책 레퍼토리가 점점 늘어난다.

"골프는 운동신경이 특별해도 느는 속도까지 특별해지지는 않아. 운동신경의 종결자라고 할 수 있는 마이클 조던도 농구 은퇴 후 골프 프로에 도전했다가 그만뒀어. 이유는 지금 자기가 투덜대는 이유랑 같아. 쏟는 정성에 비례한 만큼 늘지가 않는다는 거지."
"마이클 아저씨도 힘들다 했으면 난 아예 시작을 말았어야 했는데."
"다른 스포츠에 비해 반응이 특히 더 늦게 오는 종목이라 그래."
"팡팡 튀는 젊은 애들은 그럼 태교부터 골프로 한 건가?"
"아니, 그냥 주어진 시간 안에서 열심히 연습한 거지. 나 어렸을 땐 어른들이 골프를 신선놀음이라고 했어. 난 그저 산새가 좋은 곳에서 맑은 공기를 마셔가며 운동하니까 그런 표현을 썼다고만 생각했어. 그런데 지금 생각해 보면 골프를 잘 치기 위해 투자해야 되는 시간의 양이 너무 방대해서 생긴 말 같기도 해. '우보천리' 하며 시간을 투자해야 되거든."

"아~ 갑자기 주저앉고 싶다."
"그것만 안하면 돼. 발전 속도가 아무리 미미하게 느껴져도 그냥 계속하는 거야. 그럼 어느 순간 원하던 실력이 되어 있을 거라고."

필요한 건 많은 연습보다 올바른 정보에 의한 지속적인 연습이다. 그리고 기다릴 줄 아는 인내다. 오늘 두 시간을 연습했다면 내 몸이 이 연습을 받아들이기까지는 대략 일주일 정도 걸린다고 생각하면 된다. 말 그대로 '로딩 중'인 것이다. 그리고 골프 동작은 99% 로딩이 될 때까지도 어떻게 하는지 모르다가 100%가 채워지면 그때 비로소 깨치게 된다. 아내가 골프백을 챙긴다.

"가자."
"어딜?"
"집에. 집에 갔다가 일주일 뒤에 오자. 로딩이 좀 더디네…."
"한 동작을 연습했으면 그 동작 로딩 중에 다른 동작을 또 연습해야지. 오늘은 다운스윙의 핵심에 대해 연습할 거야. 지금까진 다운스윙을

팔로만 연습했잖아? 오늘부턴 조금 더 프로페
셔널하게 연습해 보자. 다운스윙에서 팔 움직
임에 시동을 걸어주는 동작이 있어.”

아내가 스윽 다가오더니 손가락으로 내 이마를 자동차 시동
버튼 누르듯 꾸욱 누른다.

“백스윙에서 다운스윙으로 전환되는 시간이
영점 몇 촌데 그때마다 클럽을 놓고 마빡 누르
고 다시 클럽 잡고… 너무 어려울 거 같은데?”
“우보천리의 자세로 한 땀, 한 땀 만들어 나간
다면… 자기는 정말 절대적으로 레슨이 필요한
사람이야. 정신 차리고 잘 들어봐. 레슨을 잘 받
아야 로딩도 빨라지니까. 다운스윙에 시동을
걸어주는 동작은 손이나 팔이 아니라 다리야.
조금 더 정확하게 표현하면 오른쪽 발바닥의
움직임이 제일 먼저 시작되지.”

다운스윙은 몸통과 함께 틀어져 있는 힙 동작을 측면으로 밀
면서 시작된다. 이 동작은 무심히 보고 있으면 눈에 띄지 않을
정도로 경미하다. 스윙 조각 중에서 가장 중요한 동작임과 동

시에 가장 작은 부품이기도 하다.

다리의 움직임으로 몸을 측면 이동시키면서 손과 팔은 거의 중력의 힘으로 어깨선 높이까지 떨어트린다(이 움직임을 프로 선수들은 'Magic Movement', 즉 마법의 동작이라 부른다). 체중은 왼쪽으로 옮겨 가고 있는 상태이며 오른팔 팔꿈치는 옆구리 쪽에 밀착되다시피 한다. 이때까지도 몸통은 아직 회전하지 않은 상태여야 한다. 모든 조건이 완성됐다. 이제 공을 치면 된다.

물론 처음 연습할 시에는 의도적으로 만들어야 한다. 골프 스윙에선 완전 거저로 얻어지는 동작은 없다. 매번 의도하고 때로는 억지로라도 만들어야 한다.

백스윙 탑 위치에서 다운스윙으로 전환될 때 많은 사람들이 손과 상체 힘을 이용한다. 이러한 동작은 골프 스윙에서 가장 치명적인 오류를 발생시킨다. 백스윙 탑 위치에서 손에 힘이 들어가면 자연적으로 어깨에도 힘이 들어가게 된다. 어깨에 힘이 들어가는 순간 셋업 때 단전에 위치했던 무게 중심이 위로 올라간다. 무게 중심이 위로 올라가면 아무리 다리가 강한 사람이라도 스윙에 균형을 잃게 된다. 균형을 잃은 상태에서는 공을 단단하게 맞춰낼 수가 없다.

또 하나, 다운스윙의 전환을 손이 만든다면 왼쪽 어깨가 미리 회전하는 현상이 생긴다. 손의 위치가 가슴 높이까지 떨어지기 전에 몸통이 먼저 회전하면 팔이 휘둘러질 공간이 없어진다. 이런 동작은 스윙을 답답하게 만들고 미드, 롱 아이언의 정상 타격을 심하게 방해한다.

많은 사람들이 힙을 빨리 돌리면 파워가 늘어난다고 생각한다. 이론적으로는 그렇다. 그래서 힙을 빨리 돌리는 연습도구까지 시판되고 있다. 하지만 무조건 힙만 빨리 돌리는 연습은 상체와 하체 동작에 불균형만 만들어 낼 가능성이 크다. 오히려 빨리 안돌아가게 붙들어 주어야 한다. 균형과 조화가 맞지 않는 스윙의 가장 큰 문제점은 반복이 안 된다는 것이다. 상체는 제자리 회전이고 하체는 측면이동이다. 이 두 가지 동작이 조화가 맞아야 체중이동이 겸비된 회전스윙이 나오게 되는 것이다.

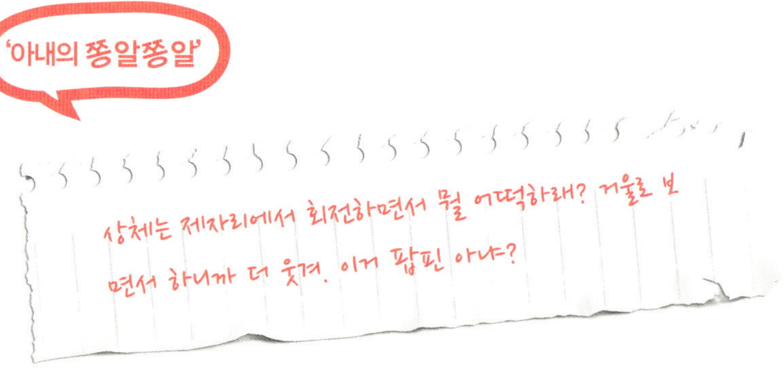

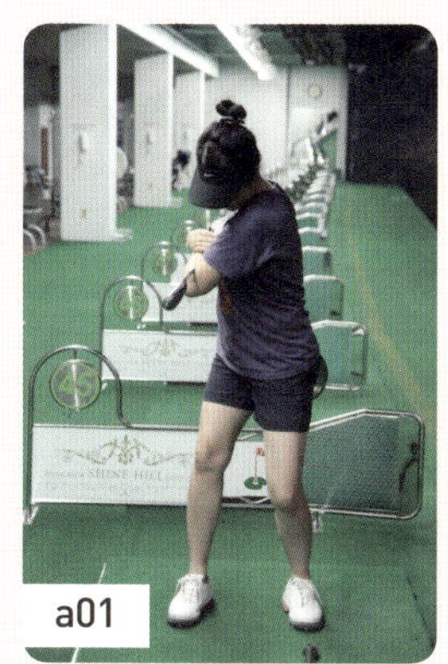

a01

다운스윙의 핵심은 팔이 떨어지는 공간을 확보해주는 것이다. 이 공간을 확보하려면 두 팔의 높이가 가슴 높이에 이를 때까지 상체의 회전이 지연돼야 한다. 방법은 다운스윙의 시작을 손이 아닌 다리로 하는 것이다.

다운스윙 시 오른쪽에 공간을 충분히 확보하게 되면 롱 아이언도 숏 아이언처럼 편해진다.

a02

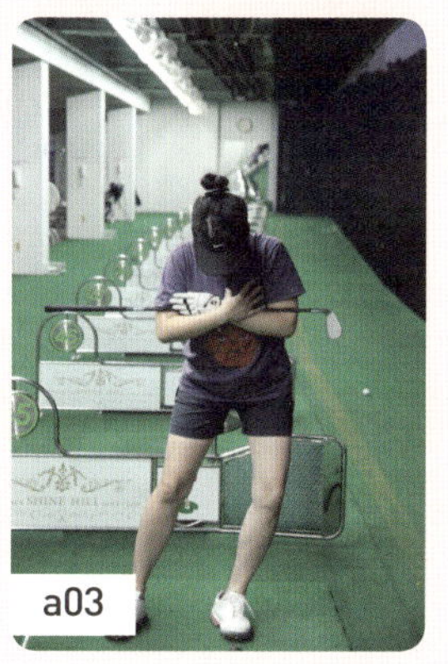

a03

처음엔 팔 동작 없이 몸의 움직임을 우선 연습하는 게 이해가 빠르다.

먼저 클럽을 가슴 높이에 붙이고 백스윙 턴을 만든 다음 2단계로 끊어서 회전 모양을 만들어 본다.

1단계는 다운스윙의 시작을 오른발 엄지발가락으로 살짝 밀면서 시작한다. 이때 상체의 회전과 골반의 회전은 돌아가지 않게 잡아둔다. 골반이 왼쪽 방향으로 밀릴 때 머리의 축은 움직이지 않게 주의해야 한다.

2단계는 체중이 왼쪽 다리에 걸린 상태에서 상체와 골반의 회전을 풀어 셋업 당시의 모양으로 돌아간다.

사진 b01~b03

스윙의 모양을 만드는 방법은 항상 똑같다. 구분 동작으로 많이 만들어 보고 슬로우 모션처럼 천천히 움직이며 조화를 맞춰 본다. 익숙해질수록 속도를 단계별로 높이면 된다

뒤풀이를 위한 연습

아내가 골프를 시작한 지도 벌써 석 달이 다 되어간다. 시작만 했다 하면 금방 필드도 나가고 살도 팍팍 빠진다고 꾀어서 시작했는데…. 내 마음은 살짝 급해지기 시작했다. 오히려 살이 더 붙은 거 같기도 하고.

그러나 아내는 연습 끝나고 가지는 오늘의 촌평 뒤풀이에 더 관심이 많은 거 같다. 심지어는 연습을 못한 날도 뒤풀이를 가진다. 오늘은 왜 뒤풀이를 하냐고 물었더니 연습을 안 하면 어떤 변화가 나타나는지에 대해 얘기해야 한단다.

그리고 아내의 얼토당토않은 질문이 가끔 당황스럽긴 하지만 싱글 핸디캡을 목표 삼아 열심히 연습하는 걸 보면 재밌기도 하고 대견하기도 하다. 지난주에 배운 다리동작도 상당히 어려웠는데 이제는 인내심도 많이 좋아진 것 같다. 안 될 것 같던 동작들도 계속 반복하다보면 몸이 깨우친다는 걸 알아가는 듯하다.

“모양 만드는 게 상당히 좋아졌어.”
“정말? 근데 공은 왜 이렇게 안 맞아?”
“하나하나의 동작은 모양이 좋아졌는데 서로 속도조화가 안 되어서 그래.”
“눈도 예쁘고 코도 예쁜데 결국 얼굴은 못생겼단 얘기네. 잘 연습해 놓아도 다음 날 바로 생소해지니까 너무 속상해. 나름 열심히 만든 건데.”
“못생겼다고 단정 지을 순 없지. 변화 중이니까. 어린아이도 10대 후반이 될 때까진 생김새와 몸에 변화가 많잖아. 그러다가 20대가 지나면 그 이후부터는 아주 천천히 변하지. 골프가 딱 그래. 처음 스윙을 만들어 나갈 땐 정말 변화무쌍하지. 그러다 시간이 흘러 나름의 스윙 모양이 구축되면 그때는 오히려 변화를 가지려 하는 게 더 힘들어져. 그러니까 지금 움직임이 심할 때가 오히려 더 좋은 거야. 얼마든지 실수를 바로 잡을 수 있으니까.”

속도의 조화를 맞추려면 실험정신을 가져야한다. 이렇게도 쳐보고 저렇게도 쳐보고 말하자면 스윙속도를 바꿔가며 연습하는 것이다. 가장 좋은 방법이라고 생각되는 것은 최대한 느리게 스윙하는 것이다. 예를 들어 7번 아이언 풀스윙 거리가 130m라고 했을 때 풀스윙으로 휘두르지만 시작거리는 80m 정도를 잡아서 치는 것이다. 몸동작의 움직임 하나하나를 느껴가며 거리를 10m씩 늘려나간다. 그러다 몸의 조화가 깨지는 느낌이 들면 다시 80m로 돌아간다. 이 방법은 거리 늘리는 연습하고도 비슷한데 몸의 조화가 맞아가기 시작하면 공을 맞추기도 쉬워지고 비거리도 늘어가는 좋은 연습방법이다.

이 연습이 습관화돼야 하는 가장 큰 이유는 몸의 동작 하나하나를 느낄 수 있기 때문이다. 여러 조각 동작을 천천히 휘두르다보면 나누어진 조각들을 한 동작으로 이어 붙일 수 있게 됨을 터득하게 된다. 조각 동작들이 이어질 때마다 스윙은 점점 심플해지며 반복성 또한 좋아진다.

"오늘은 팔로우 스루를 좀 보완해 볼게. 팔로우 스루가 필요 이상으로 커."
"언제는 팔로우 스루가 크고 시원시원하다더니."
"맞아. 잘하고는 있었는데 조금 더 정확히 알아둬야 할 것들이 있어."
"하긴 스윙이 워낙에 빨라서 팔로우 스루 할 때

조금 흔들리긴 하더라. 타이거 우즈와 같은 신내림을 받은 것처럼 말이지. 너무 빨라. 방금 뭐가 지나갔니? 정도의 수준이랄까.”
“그렇게 빠르지는 않은데….”

많은 초보자들이 팔로우 스루를 무조건 길게 가져가려고 하는 경향이 있다. 가장 영향을 받는 이미지가 바로 매거진에서 보는 프로선수들의 사진일 것이다. 사진에서 보는 선수들은 하나같이 길고 힘 있는 팔로우 스루를 구사하고 있다. 그런데 이 멋진 스냅 사진들이 자칫 왜곡된 스윙 이미지를 각인시킬 수도 있다.

프로 선수들이 일부러 긴 팔로우 스루를 만들 때는 의도적으로 곧바로 가다 오른쪽으로 휘어지는 페이드 구질을 치기 위해서다. 팔로우 스루를 길게 가져가면 클럽 페이스면이 늦게 닫혀 높은 페이드 구질을 만들기가 쉽다. 이외에는 공을 치는 순간 스윙을 짧게 접어 피니시까지 한 번에 연결시킨다.

그럼 사진에 찍힌 모양이나 영상으로 볼 때 팔로우 스루가 길게 보이는 이유는 왜 그럴까?

그건 프로 선수들의 무지막지한 스윙 속도 때문이다. 스윙의 속도가 빨라질수록 원심력이 커지면서 클럽헤드의 무게도 증가한다. 이 때문에 팔로우 스루를 짧게 가져가려 해도 크게 던져지는 모습으로 보인다. 그런데 사진을 유심히 보면 양팔의 겨드랑이가 몸에 밀착되어 있는 것을 볼 수 있을 것이다. 구심력과 원심력이 동시에 보이는 모습이다.

일부러 힘을 주어 팔을 길게 뻗으려고 하면 양팔이 몸에서 떨어지게 된다. 양팔이 몸에서 떨어지면 스윙의 균형과 속도 두 가지를 동시에 잃게 된다. 속도는 그렇다 치더라도 균형을 잃는다는 것은 곧 재앙이다. 구질의 방향을 종잡을 수 없기 때문이다. 이렇기 때문에 백스윙과 마찬가지로 처음 스윙을 배울 때는 짧고 콤팩트한 동작을 먼저 만드는 게 좋다.

"근데, 궁금한 게 있는데…."
"뭐? 팔로우 스루를 언제 접어야 하는지?"
"아니, 골프 하면서는 살은 안 빠지나? 몸은 꽤 힘든 거 같은데 어째 몸무게에 변화가 없어서."
"(드디어 올 것이 왔구나!) 자기가 요즘 입맛이 좋다며. 연습 끝나고 자꾸 맛있는 거 찾으니까 그렇지. 그래도 변화는 없으니 다행이네."
"그렇다고 뒤풀이를 안 할 순 없잖아."
"알았어… 일단 연습부터 끝내자고."
"치맥!? 치맥!?"

"그래 일단 연습부터."
"빨리 연습하자! 팔로우 스루는 간단하게, 연습
도 간단하게."

아내 연습시키면서 내 체중도 같이 늘어간다.

오늘 동영상 촬영해서 봤는데 내 타이거 우즈 샷이 할
머니가 지팡이 휘두르는 것보다 느리더라. 이게 어떻게
된 일이지? 핸드폰 카메라의 한계인가?

a01

a02

a03

a04

공을 친 직후엔 클럽 샤프트를 왼쪽 어깨 쪽으로 당기듯이 끌어올린다. '스윙 아크가 작아지진 않을까' 하는 걱정은 안 해도 된다. 휘두르는 스윙의 속도 때문에 아크는 자동적으로 커지게 되어 있다. 오히려 통제해 주어야 피니시 까지 좋은 균형을 유지할 수가 있다.

팔로우 스루를 필요 이상으로 크게 만들 경우, 양팔이 몸에서 떨어지는데, 이는 전체적인 스윙 균형을 망가트리고 스윙 속도도 감소시킨다.

최종병기 '균형'

아내의 스윙 속도가 많이 빨라졌다. 이제는 드라이버 거리가 100m 이상을 훌쩍 넘어간다. 물론 정타를 맞혔을 경우에 한에서다. 아내는 날아가는 공이 떨어지기도 전에 다시 셋업을 서고 공을 친다. 잘 안 맞았다 생각되는 공은 아예 쳐다보지도 않는다. 이렇게 초스피드로 10개 정도 치고 2분 정도 먼 산을 바라보며 명상에 잠기는 시간을 갖는다.

"너무 빨라!"
"빠르지? 저번에 동영상 찍은 거 보고 놀라서 스윙 속도를 좀 더 늘렸지. 많이 빨라? 안보여?"
"연습하는 속도가 빠르다고. 그리고 피니시는 왜 안 해?"

"잘 안 맞았는데 굳이 할 필요가 있나 하고. 빨리 다음 샷에서 만회해야지."

"그래서 한 번 안 맞으면 계속 안 맞는 거야. 몸은 이전에 했던 동작에서 정보를 습득해. 그리고 더 나은 방법을 모색하지. 그런데 잘 안 맞았다고 스윙을 하다 말면 몸이 뭘 배우겠어? 오히려 잘 안 맞았어도 잘 맞은 것처럼 자세를 올바르게 취해 줘야지."

"잘 안 맞았는데 잘 맞은 것처럼 하는 건, 몸한테 거짓을 가르치는 거잖아."

"그렇다고 비틀대는 동작을 가르치는 거보단 낫지. 원래 만들려고 하는 동작을 계속 고취시키면 몸은 더 나은 방법을 찾아 간다니까. 피니시를 하다 말다 하니까 치고 나서 몸이 제대로 서 있지도 못하잖아. 그럼 몸이 비틀대는 동작을 자꾸 학습할 거 아냐."

"공은 이미 날아갔는데 쓰러진들 그게 날아가는 공에 영향을 주나?"

아내는 지기 싫어하는 아이처럼 계속 물고 늘어진다.

"한산도에 가면 이순신 장군 활터가 보존되어 있대. 평상시뿐만 아니라 전시상황 속에서도 틈만 나면 연습했대. 그토록 활 연습에 몰입했던 이유가 뭘까?"

"갑자기 얘기를 막 돌리는데? 연습을 많이 해야 실전에서도 잘할 수 있으니까."

"맞아. 그런데 활 쏘는 자세를 보면 골프와 많이 닮았어. 몸을 자유롭게 움직이기 보단 통제시켜서 정신일도를 하거든. 이순신 장군이 전시에도 활 연습에 몰입했던 이유는 균형을 유지하기 위해서가 아니었을까? 몸과 마음의 균형, 그리고 생각의 균형. 몸의 바른 자세를 유지하려고 필사의 노력을 했기에 그런 긴박한 순간 속에서도 중심을 잃지 않고 계획한 바를 이룰 수 있었던 것 같아."

피니시 자세에 집중하다보면 어수선한 정신 또한 잔잔해진다. 마치 마구 흔들리던 나침반 바늘이 천천히 멈추면서 N극을 가리키는 것처럼.

"그럼 골프스윙도 백스윙 탑에서 정신일도를

혼잣말처럼 중얼거리더니 아내가 갑자기 드라이버를 들고 타석으로 간다. 천천히 백스윙을 들고 멈춘 다음 공을 노려본다. 다음 순간 휙! 퍽! 공 뒤의 20cm 정도를 쳤다. 공은 아직 그 자리에 있다. 아내는 공 한번 나 한번 번갈아 쳐다본다.

"골프는 리듬과 타이밍에 집중해야 하는 운동이기 때문에 멈추는 동작이 나오면 오히려 역효과야. 궁술에서 진정으로 배워야 할 동작은 바로 활을 쏘고 난 다음 동작이야. 활이 떠났음에도 불구하고 끝까지 흐트러짐 없는 자세로 과녁을 바라보는 거지."
"떠나기 전에 잘해야지. 떠난 후에 미련 가지면 뭐해?"
"맞아. 물론 떠나기 전에 잘 해야지. 근데 떠나기 전에 아무리 잘했다 해도 일단 떠나보내고 나면 뭔가 아쉬움이 남잖아. 더 잘할 수 있었을 것 같은 느낌. 흔들리는 자세를 억지로라도 바로 잡아 세워야 하는 이유는 바로 다음 샷을 위해서야. 공을 치고 난 후에 피니시가 균형을 잃었다는 건 스윙 도중 리듬이 깨졌다는 얘기거든. 그런 피니시를 계속하다보면 전체적인 균형이 깨져 결국 공을 제대로 맞힐 수 없게 돼. 균형 잡힌 피니시를 유지하려고 자꾸 노력해야 스윙이 점점 단단해지지.”

사진 a01~a02

화려하다 못해 요란한 피니시 자세를 만드는 아마추어들을 꽤 많이 봐왔다. 피니시 자세는 이리저리 쥐어짜지 않은 상태로 똑바로 서 있는 게 좋다. 균형 잡기가 쉽고 체력 소모가 적으며 부상 위험이 없다.

피니시 자세로 갔을 때 바로 내려오거나 비틀대지 말고 똑바로 서서 숫자 셋까지 센 다음 동작을 푸는 습관을 만들어야 한다. 특히 이 연습은 갑작스럽게 잃은 스윙 리듬을 빠르게 되찾아 준다.

호머 켈리의 《골핑 머신》은 골프 스윙을 물리학적으로 가장 잘 해석했다는 평을 듣는 이론서이다. 그 이론에는 피니시 동작 이후에 사진처럼 쉬는 동작을 스윙의 일부분으로 정해 놓았다. 나는 이 이론에 적극 동의한다. 순간적으로 엄청난 힘이 집약된 골프 스윙을 이완시켜 주지 않으면 체력 소모가 빨라져 리듬과 타이밍에 영향을 줄 수 있다.

350m와 35cm

　요즘 프로선수들의 기량은 놀라움을 넘어서 실로 무시무시하다. 파4의 거리가 500야드에 가까워졌지만 많은 선수들이 어렵지 않게 투온에 성공한다. 얼마 전 남서울C.C에서 열렸던 제30회 매경오픈에선 우리나라 최고 장타 선수인 김대현 선수의 드라이버샷을 보기 위해 많은 갤러리가 따라다녔다. 아내도 거의 일방적으로 김대현 선수 조만을 따라다녔다. 본인과 스윙 속도가 비슷해서 좋다고 주책을 떨면서 말이다. 어쨌든 예나 지금이나 장타 선수에 대한 갤러리들의 애정은 절대 식지 않는다.

　출전한 대부분의 젊은 선수들은 파5에서 더더욱 빛을 발한다. 티 박스에서 그린까지의 거리가 입을 떡 벌어지게 했지만, 이들에겐 기회와 약속의 땅이다. 이곳에서 타수를 줄여야 경쟁력을 확보할 수 있기 때문이다. 아마추어들은 파5에서 경쟁력을 가지기 위해 우드 연습에 매진하지만 프로선수들은 퍼팅 연습에 더 많은 시간을 할애한다. 그것도 7~80cm의 짧은 거리 연습을 많이 하는데 이유는 간단하다. 350야드 드라이브 샷이나 35cm 짜리 짧은 퍼트나 똑같은 한 타이기 때문이다. 가공할 장타를 앞세워 투온에 성공한들 퍼팅을 못하면 타수를 줄일 수 없으나 장타는 아니더라도 퍼팅 실력이 좋으면 타수를 줄이거나 지키기 용이하기 때문이다. 스윙이 어느 정도 갖춰진 아내는 기분이 좋다 못해 상당히 들떠 있었다. 이제 곧 필드에 나갈 수 있다는 기대 때문인 것 같다. 기분이 좋으면 자신감 또한 상승하는 법, 아내의 드라이브 샷이 불을 뿜는다. 이제는 자주 150m가 넘는 장타를 때려내기도 한다. 경쾌한 소리와 함께 장타를 때려내면 표정 또한 살짝 거만해지는데 혼자 보기 아깝다.

"나는 필드에 언제 나가? 나가서 한번 쳐보고 싶다."
"그럼, 나가야지. 그런데 그 전에 하나만 더 배우자."
"그냥 나가자~ 갔다 와서 배우자~."
"골프 스코어의 절반 가까이를 책임져 주는 기술인데?"

아내가 다소 충격을 받은 듯한 표정을 짓는다.

"아니 그렇게 중요한 걸 왜 이제 알려줘?"

아내는 지금까지 보냈던 시간만큼을 또 보내야 하는 줄 알고 겁을 먹은 듯하다.

"기술적으로 어렵지는 않으니까 너무 겁먹지 마."
"아~ 그 퍼팅이라는 거? 그냥 굴리면 되잖아. 굴리는 건 또 내가 전문이지. 지금까지 샷으로도 얼마나 굴려왔는데 이렇게 대놓고 굴리라 하면… 너무 쉬운걸!"

골프에서 퍼팅이 주는 스트레스가 얼마나 큰지, 아직 아내에게 알리고 싶지 않다.

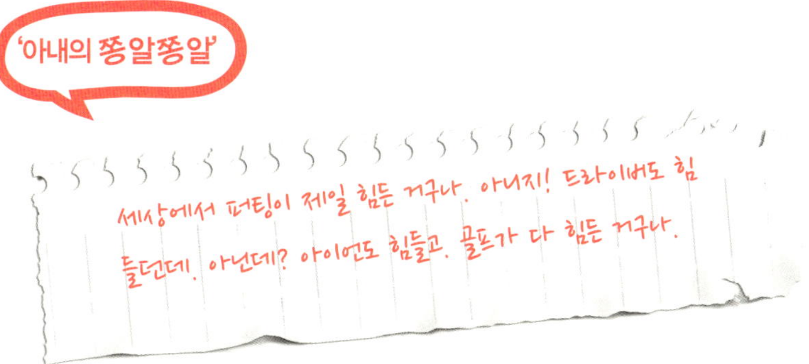

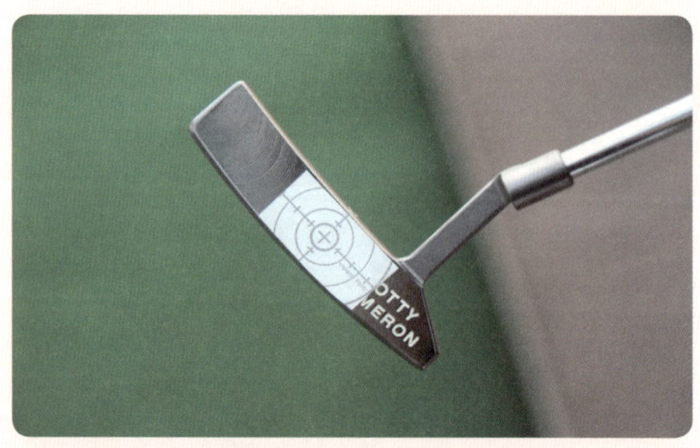

드라이버나 아이언처럼 퍼터에도 스윗 스팟이 있다. 여기를 매번 일정하게 맞추는 게 좋은 퍼팅의 제1요소다. 스윗 스팟을 일정하게 맞추지 못하면 거리감이 없어지는데 퍼팅에서 거리감이 없다는 건 퍼팅을 못하는 것이라고 보면 된다.

가끔 퍼터에 볼 마크 스티커를 붙여서 테스트를 해보면 자신의 퍼팅 실력이 어느 정도인지 바로 알 수 있다. 퍼팅의 달인이라 불렸던 벤 크렌쇼는 하루 종일 연습해도 점 하나만 찍혔다는 전설이 있다.

퍼팅 기술에서 '정답'은 없다. 잘 들어가면 좋은 퍼팅인 것이다. 그립 모양, 자세, 스트로크 스타일, 모두 개인마다 다르다.

b01

사진에선 가장 기본적인 스트로크 방법을 보여주고 있다. 일명 '펜듈럼(시계추)'의 원리에서 비롯된 방법이다.

이때 손목은 경직시키지 않고 부드럽게 움직여 주는 것이 좋다. 손목에 제한을 두면 거리감이 무뎌진다.

b02

b03

Part 2

부엌에서 필드까지

첫 라운딩을 앞두고

그렇게도 기다리던 라운딩 출격을 하루 앞두고 아내는 표정이 굳어 버렸다. 연습장에 올 때까지만 해도 잔뜩 설레던 아내였다. 본인 스스로 감탄을 금치 못하던 드라이버 샷마저 좀처럼 날지를 못한다.

"퍼팅 연습을 너무 많이 한 거 아니야? 이제는 전부 굴리려고 그래?"
"왜 배운 게 하나도 기억이 안 나지?"
"마음이 필드에 나가 있으니까 그렇지. 연습장으로 도로 데리고 와."
"어느 골프장인지는 알고 간 걸까? 어디로 갔는지 알아야 데리고 오지."
"내 생각에 자기 마음이 골프장에 가 있는 거

같지는 않아.”
“그럼 어디 있을까?”
“내 생각엔 집에 있는 게 확실해.”
“집에? 걔 왜 거기 있데?”
“내일 뭔가 보여주려고 한 모양인데, 자기 ‘마음이’는 자신 없으니까 집에서 안 온 거 같아. 불러오는 방법 가르쳐줄게.”

아내가 절실한 눈빛으로 집중한다. 평소 때도 이런 아름다운 배움의 자세를 갖춰주면 참 좋겠는데….

“전에도 얘기했지. 골프는 스윙모양이 아니라 결국 리듬과 타이밍이 좌우한다는 거. 우리가 골프 스윙을 계속 갈고 닦는 건 조금이라도 더 단순하고 일관성 있는 리듬을 내기 위한 거야. 내일 필드 나간다고 뭔가 더 나은 스윙을 하려 하지 말고 스윙 리듬을 일정하게 만들어. 그리고 그 리듬만 기억하는 거야.”

골프는 오랜 시간 동안 천천히 쌓아 올리는 땅의 지층과 같다. 당장 급한 일이 있다고 해서 능력치를 갑자기 올릴 순 없다. 반대로 생각만큼 쉽게 망가지지도 않는다. 라운딩을 앞두고 많은 사람들이 아직 벌어지지도 않은 일에 걱정도 하고 기대도 갖는다. 이런 막연한 상상들은 호흡을 불규칙하게 만들어 평상시 가지고 있던 리듬 체계에 혼란을 준다.

기술적인 면으로만 놓고 봤을 때 다음날은 더 나아질 수도 더 나빠질 수도 없는 상태라는 걸 알아야 한다. 나머지는 모두 호흡과 관련이 있다. 여기에 집중해야 한다. 리듬 연습은 들떠 있는 호흡을 진정시켜 줄 것이다. 부드럽고 일정한 속도의 스윙을 반복하면 타격의 감각이 살아난다. 호흡이 안정되면 스윙 속도 또한 일정하고 매끄러워진다. 이쯤 되면 연습 개수에 상관없이 스윙 연습은 종료한다. 아내의 연습이 한결 부드러워졌다. 그러자 3개 중에 하나는 꽤 멋진 샷이 나온다. 나머지 두 개도 그런대로 쓸 만하다.

"자~ 이제 그만! 클럽 닦고 정리해."
"몇 개만 더 확인하자!"
"내일! 첫 홀에서 확인하자고."

마침내 라운딩의 날이 밝았다. 아내는 내가 학생들을 가르칠 때 학생들과 나의 모습을 카메라에 담느라 필드를 종횡무진 뛰어다닌 경험이 있다. 그래서인지 정작 골프장에 도착해서는 한

결 편안해진 모습이다. 내가 더 긴장한 아내의 첫 티 샷은 살짝 오른쪽으로 빗나갔지만 100m를 훌쩍 넘긴 훌륭한 샷이었다. 그리고 아내는 플레이가 엄청 빠르다.

"아니 벌써 친 거야?"
"쳤지, 나중에 봐."

아내와 나는 그렇게 티박스에서 헤어졌다가 그린에서 만났다. 100m만 걸어도 힘들다고 투덜대던 아내가 카트도 제대로 못타고 족히 6km 정도 되는 거리를 뛰어 다녔다. 그런데도 아내는 해맑은 웃음만 짓고 있다. 결국 첫 라운딩에서 112타를 기록했다.

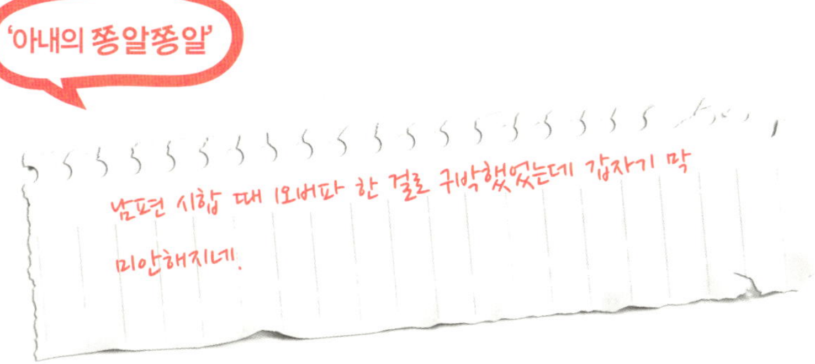

라운딩을 앞두고는 웬만하면 자세 교정을 하지 않는 게 좋다.
이때까지 연습장에서 한 연습을 믿어야 한다. 대개 라운딩 전날 스윙이 흐트러지곤 하는데 단순 신경성일 가능성이 크다.
이럴 때는 당황하지 말고 스윙의 박자 맞추는 연습을 해야 된다. 빨라졌거나 느려진 박자를 일정하게 되돌리면 원래 실력으로 돌아갈 것이다.

방법은 사진 a01~a04처럼 박자를 속으로 세는 것이다.
클럽이 스윙을 시작할 때 하나를 센다. 하나의 박자에 백스윙은 탑 위치까지 와야 한다.
둘을 셀 때 클럽은 임팩트 존을 지나간다. 셋까지 세는 박자 연습법도 보편화돼 있다.

스윙을 시작할 때 하나를 세고, 백스윙 탑 위치에서 둘, 그리고 임팩트 때 셋을 센다.

셋까지 세는 방법은 스윙 리듬이 끊어질 수도 있기 때문에 권장하고 싶지 않다.

둘을 세되 하나가 너무 급하다고 생각되면 하나를 조금 더 늘려서 세면 된다.

아내, 스코어를 계산하다

첫 라운딩을 마친 아내는 스코어카드를 심각하게 들여다보고 있다. 표정이 좋지 않은 게 자신이 친 스코어를 받아들이지 못하는 것 같다. 연신 손가락을 접었다 폈다 하늘을 봤다 스코어카드를 봤다 하며 영 부산스럽기 짝이 없다.

"캐디 언니가 정확히 적어준 게 맞을까?"
"맞을걸. 자기 꺼 일일이 다 계산해서 적어주던데? 왜? 더 적은 것 같아?"
"응! 이렇게 많이 친 것 같지 않은데. 특히 이 홀에선…."

아내가 또 손가락을 접으며 세기 시작한다.

"티 샷은 잘했는데 그린 주변에서 있었던 일 기억나? 어프로치할 때 공 뒤를 쳐서 바로 앞에 톡 떨어진 거?"
"아, 그건 실수였고, 그래서 다시 쳤잖아."
"어쨌든 그 실수도 한 타야. 요거 빼고 조거 빼고 계산하면 이븐파도 나오겠다.
"야박하네. 조금 실수한 것마저도 죄다 적어 넣다니."
"야박한 게 아니라 그 조그만 실수를 줄여나가기 위해서 연습하는 거야. 그러게 내가 연습장에서 누누이 얘기했잖아. 길게 치는 것도 중요하지만 그린 주변에서 짧게 치는 게 더 중요하고 힘들다고."
"짧게 치는 게 그렇게 힘든 건지 몰랐어. 연습장에서는 잘 됐었는데?"
"잘 되기는 뭐가 잘 돼. 연습을 한 적이 없는데. 그러니까 이제 짧게 치는 거 위주로 연습해 보자. 그린 주변에서 출싹거리지만 않았어도 10타는 줄였겠다."

실제로 그랬다. 거리가 많이 나지 않는 아내의 샷은 크게 뒤

땅을 치지 않는 이상 페어웨이에서 크게 벗어나진 않았다. 쓸데없는 욕심만 안 부리면 또박또박 세 번 만에 공을 그린 주변에 안착시켰다. 문제는 이후부터였다. 짧게 치는 샷을 할 줄 몰라 거기서부터 타수가 늘어나기 시작했다.

"10타?"

10타란 소리에 아내의 눈이 동그랗게 커진다.

"10타 줄이면 102타네… 그럼 아까 드라이버 O.B 난거 빼면 94타네."

아내가 가상의 시나리오를 그려보며 혼자 너무 좋아하고 있다.

"가만 가만, 그러고 보니 아까 드라이버 거리가 짧아 물에 빠진 것도 있었네. 그것만 넘어 갔어도… 거리를 더 늘리는 연습을 해야겠어!"

나는 못들은 척 라커 룸으로 쏙 들어와 버렸다.

스코어를 줄일 수 있는 묘책을 알아냈는데 남편이 갑자기 사라졌다. 어디 갔지?

짧은 거리의 어프로치는 단순해 보이지만 상당히 예민한 동작이다. 그린의 바로 주변에서 어프로치를 하는 경우 무게 중심을 9대1 정도로 왼쪽에 두어야 공을 깔끔하게 쳐 낼 수 있다.

짧은 거리의 어프로치에서도 백스윙 때 손목을 과도하게 쓰는 사람들이 있다. 손목을 써서 스윙이 필요 이상으로 커지게 되면 거리 조절이 정말 힘들어진다. 셋업 당시 살짝 꺾어져 있는 손목 각도만 사용해서 백스윙을 들어야 한다.

타격 시 오른손목이 셋업 때와 같은 모양으로 고정되어 있어야 탄도와 거리가 예상한 대로 갈 수 있다.

a04

짧은 어프로치라 할지라도 상황에 따라 팔로우 스루의 모양이 다양해질 수 있다. 그 중에서 아내는 클럽의 그립 끝 부분이 몸 쪽으로 향하게 만들었다. 퍼팅과 같은 시계추 스윙 방식이며 가장 무난한 방법이다.

'낙하지점 설정 놀이'

그린 주변에서 거리감을 익히는 데는 공 던져보기만큼 효과적인 방법도 없다. 누구나 기본적인 거리감은 가지고 있다. 공을 핀 옆에 붙이는 상상을 하기 전에 '어디에 떨어트릴 것인지'에 대해 먼저 생각해 보아야 한다.

Chapter 15

사막여행

"골프장은 푸르다 했는데 난 왜 사막 여행한 느낌이 들지?"

아내는 친 공이 자꾸 모래벙커에 빠지자 아라비아의 로렌스가 어떻고 어린왕자가 어떻고 혼자 쫑알쫑알 말이 많아진다.

"모래에서는 공을 정확히 맞추지 말고 공 뒤 땅을 쳐봐. 원래 뒤땅 잘 치잖아. 잘 치려고 하지 말고 무조건 거기서 나와."
"나도 나가고 싶지. 뒤땅 치려고 하니까 자꾸 정확하게 공만 때리게 돼."

그린위에서 지켜보고 있자니 모래 먼지만 뭉게뭉게 피어오를 뿐 사람도 안보이고 나오는 공도 안 보인다. '이제 그만 꺼내놓고 치게 해야지' 하는 순간 공이 그린에 올라왔다. 아내는 환하게 웃으며 내 옆으로 왔다.

"나 이제 치는 방법을 알 것 같아. 몸이 내가 생각하는 거 하고는 전혀 반대로 움직이더라. 그러니까 예를 들어 오른쪽으로 치고 싶으면 왼쪽 쳐야지 하고 말하는 거야. 그럼 몸은 내가 왼쪽 치려고 하는 줄 알고 반대로 오른쪽으로 보내 줄 거란 말이지. 그래서 이번엔 공을 정확히 맞춰야지 하니까 완벽한 뒤땅이 나왔어. 한 마디로 내가 나를 속인 거지."

아내는 그것도 방법이라고 치는 내내 이번엔 왼쪽 쳐야지 오른쪽 쳐야지 하며 주문을 건다. 어이가 없다가도 왠지 그럴듯해 보이기도 한다. 겉으로는 웃으며 '말이 되는 소릴 해라' 하면서도 왠지 따라해보고 싶다. 나까지 이상해지고 있다.

젊은 시절의 아놀드 파머는 공격 골프의 종결을 보여줬었다. 그런 그도 벙커에서는 일단 안전한 곳으로 무조건 나와야 한다는 철칙을 지켰었다. 그리고 골프 황제 잭 니클라우스가 밝혔던 자신의 벙커 플레이 비결은 바로 피해가는 것이라고 했다. 아마

추어들은 이 두 거장의 말을 깊게 새겨들어야 불필요한 타수를
줄일 수 있다. 페어웨이 벙커에 들어간 아내가 연신 주문을 걸
고 있다.

“조금이라도 멀리 나와야 되니까 이번엔 모래
를 치지 말고 공만 걷어 내봐.”
“아, 그래? 그럼 뒤땅 쳐야지. 뒤땅 쳐야지. 뒤
땅 쳐야지.”

아내의 주문 요법을 우습게 봤던 나는 깜짝 놀랐다. 모래는
거의 안 건드리고 공만 깔끔하게 걷어 낸 환상적인 샷이 나온
것이다.

“그런데 방향이… 왜 거기로 친 거야?”

아내의 공은 산 아래로 사라지고 말았다.

“저쪽이 페어웨이 아니야?”

사막 여행에 지친 아내가 이제는 신기루까지 보나.

골프장 처음 봤을 때 벙커보고 엄청 웃었는데… '누가 저기 들어간다고 저렇게 열심히 파놨을까' 하고. 그땐 정말 몰랐어. 나를 위해 파둔 것이라는 걸.

a01

a02

a03

그린 주변의 벙커에서는 공을 직접 맞추지 않고 뒤땅을 쳐서 모래의 폭발력으로 공을 내보낸다. 그렇다 하더라도 너무 일관성 없이 모래만 퍼내면 벙커를 벗어나기 힘들다. 간단한 연습 방법이 있다. 먼저 벙커 안에 클럽으로 선을 긋는다.

하프스윙으로 선을 치는 연습을 한다. 이때 손목은 스윙 시작부터 가파르게 꺾어 올린다.

b01

b02

b03

선을 일관성 있게 치기 시작하면 다시 선을 긋고 선 앞에 공을 놔두고 연습해
본다. 벙커에서의 고급 기술은 클럽 페이스를 완전히 눕혀서 클럽 바운스 각을
이용해 치는 것이다. 하지만 벙커샷을 처음 접하거나 아직 자신이 없는 아마추
어들은 사진같이 보다 간단하게 접근해야 할 필요가 있다.
페어웨이에서 치는 것처럼 손목을 로테이션시키며 스윙하는 것이다.

Chapter 16

공짜쿠폰, 컨시드

아내는 공이 그린에 올라오면 그 홀은 일단 끝났다고 생각하는 것 같다. 퍼팅을 두세 번 쳐보고 들어가지 않으면 아주 쿨하게 집어 들고 주머니에 넣어 버린다. 지금은 전설이 되어 버린 두 아마추어의 내기 골프가 생각이 났다. 바로 이병철 회장과 정주영 회장의 라운딩이다. 두 회장은 공이 그린 위로 올라가면 원 퍼트 이상은 무조건 컨시드를 주었다고 한다. 이 이야기가 사실이라면 짧은 퍼팅으로 인한 부담감이 건강에 무리를 줄까 서로 배려했던 것 같다.

한 손으로 아무렇게나 쳐도 들어갈 만한 거리가 있다. 그런데 그 짧은 퍼팅도 꼭 성공시켜야 한다는 조건이 붙는다면 절대 한 손으로 치지는 못 할 것이다. 프로선수들이 짧은 60cm급 퍼팅을 몇 시간씩 연습하는 데는 이유가 있다. 짧은 퍼팅에 자신감이 떨어지면 체력 안배에 심각한 영향을 미치기 때문이다.

골프 게임의 승패는 '누가 더 오래 집중력을 유지하는가'에 달렸다. 집중력은 곧 체력과 연계되는데 이 집중력을 과소비할 때가 바로 결코 실수하고 싶지 않은 짧은 퍼팅이 남았을 때다. 1m 안팎의 거리를 쉽게 끝내고 다음 홀로 이동하느냐 마느냐는 골프 게임에 절대적인 영향을 준다.

그런데 이 짧은 퍼팅은 상대방 플레이어의 재량에 따라 제외될 수도 있다.

"자기는 왜 숏 퍼팅을 안 해? 누가 언제 컨시드 줬어?"

"내가 계속 왔다 갔다 하면 다른 사람들 플레이를 방해하는 것 같아서. 그런데 컨시드가 뭐야? 쿠폰 같은 건가?"

"그렇지 컨시드는 숏 퍼팅 면제 쿠폰이야. 일반적으로는 오케이 받는다는 표현을 더 많이 쓰지."

"그럼 자기는 그 쿠폰을 쓴 거야? 전 그린에서 그냥 집어 들던데?"

"그렇지. 난 받은 거지. 컨시드를."

"나도 좀 줘봐. 그 쿠폰."

"실력이 돼야 받을 수 있는 거야. 예를 들어 자

기가 1m 정도 거리의 퍼팅을 계속 성공시켰다고 쳐봐. 그럼 다음에 그 거리를 남겼을 때 상대방 플레이어가 컨시드를 줄 수 있는 거야. 여태까지의 실력을 인정받아 넣은 걸로 해주는 거지. 그러니까 컨시드 받고 싶으면 정성을 좀 들여 봐.”

이때부터 아내는 공을 홀컵에 넣는 것보다 컨시드를 받기 위해 더 노력하는 것 같았다. 충분히 짧은 거리인데도 대충 홀컵 옆에 붙여 놓고 이 사람 저 사람 쳐다본다. 그래도 필요 이상의 욕심 때문에 3퍼팅하는 것보단 낫지 싶다. 간만에 꽤 길었던 퍼팅 하나가 1m 정도에 붙자 아내가 공을 냉큼 집어 들고 “컨시드!” 한다.

“상대방이 주는 거라니까.”

아내가 도끼눈을 하더니

“그래서! 지금 내 실력을 인정 못하겠다는 거야?”
“아니야, 가져가.”

'아내의 쫑알쫑알'
근데 컨시드 모아서 나중에 한꺼번에 쓰면 안 되나? 쿠폰
은 원래 그렇게 쓰잖아? 아닌가?

1m 안팎의 숏 퍼팅은 골프의 모든 것이라고도 할 수 있다. 숏 퍼팅에 자신감이 생기면 롱 퍼팅이 강해진다. 넣어야 된다는 부담감보다 가까이 붙인다고 생각하면 심리적으로 편해지기 때문이다. 또 숏 퍼팅이 강하면 그린 주변에서 어프로치 샷 또한 편해진다. 무조건 붙인다고 생각할 때보다 훨씬 여유롭게 그린 상태를 읽을 수 있기 때문이다. 그린과 주변에서의 플레이가 이처럼 편해지면 세컨 샷 또한 편해진다. 거리를 타이트하게 읽지 않고 핀을 향해서가 아닌 그린을 향해서 샷을 할 수 있기 때문이다. 마지막으로 세컨 샷이 편해지면 티 샷 역시 편해질 수밖에 없다. 거리로 보상받으려는 심리적 부담을 덜 느껴 리듬감 있는 스윙이 나올 확률이 높기 때문이다.
반대로 숏 퍼팅이 불안해지면 앞에서 열거한 순서대로 게임은 망가지기 시작한다.

연습 방법은 간단하지만 많은 인내를 요구하는 연습이기도 하다. 1m 이상을 넘지 않는 거리 안에서 공 네 개 정도를 원을 그리듯 놓고 퍼팅 연습을 한다. 이렇게 연습하며 홀 주위를 몇 번 돌아보면 미세한 라인 읽기와 탄탄한 스트로크가 가능해진다.

화려한 드라마

컨시드를 받고 더블 보기를 기록한 아내가 바로 드라이버를 꺼내들고 연습 스윙을 한다. 낭창낭창한 샤프트가 붕붕 소리를 내는 게 꼭 길 잃은 벌새 한 마리가 지나가는 것 같다.

"한 30m 정도만 더 나가도 쉽게 보기 할 수 있을 것 같은데."
"이미 쉽게 보기 할 수 있었거든~ 세 번 만에 그린에 올렸잖아. 그럼 두 번에 넣으면 보긴데. 퍼팅을 생각 없이 너무 막 하는 거 같아. 특히 짧은 퍼트를 그렇게 허무하게 실패하면 안 돼. 그것도 한 타인데."

상당수의 아마추어들은 스코어가 안 나는 게 샷이 안 돼서라고 생각한다. 항상 똑같은 실수를 범하면서도 퍼팅에 관심을 두고 연습하지 않는다. 흔한 예로 연습장에 찾아와 레슨을 신청하면서 100타만 깰 수 있으면 소원이 없겠다는 사람들이 많다. 100타를 깰 수 있는 방법은 의외로 간단하다. 하이브리드 클럽이든 아이언이든 일단 100m 이상 칠 수 있는 능력만 있다면 나머지는 숏 게임으로 풀어야 한다. 그 중에서도 장거리와 짧은 거리의 퍼팅 연습을 많이 해서 쓰리 퍼팅을 없애는 게 그 방법이다.

하지만 이 방법을 택하는 아마추어들은 찾아보기가 힘들다. 벌써 22년이나 지난 1989년도 마스터스 대회가 기억에 많이 남는다. 화려한 드라마는 없었지만 충격적인 사건이 있었던 대회였다. 당시 오랜 스윙 개조 끝에 돌아온 32살의 닉 팔도와 모든 부분에서 섬세한 플레이를 펼치는 34살의 스캇 호치가 격돌했다. 4일 동안의 승부 끝에 동타를 이룬 그들은 연장전으로 돌입했다. 지나칠 정도로 안전한 전략을 펼치던 팔도에게 호치가 승부를 결정짓는 한방을 날렸다. 세컨 샷을 홀 옆 60cm 정도에 붙인 것이다. 누가 봐도 스캇 호치의 첫 메이저 우승이었다. 눈을 질끈 감고 그 퍼트를 보지 않았던 팔도의 입가에 옅은 미소가 번졌다. 호치가 60cm 우승 퍼트를 놓친 것이다. 호치는 연장 두 번째 홀에서 팔도에 패했다.

그 이후로 팔도는 5년 동안 세계를 평정했다. 문득 궁금해졌

다. 그때 만일 호치가 짧은 퍼트를 성공시켜 메이저 우승자가
됐더라면 그들의 인생은 어떻게 변했을까?

"그랬을 수도 있지. 그런데 스캇 호치도 지금
보다는 더 많은 승수를 쌓을 수 있었을 거야.
60cm 거리의 퍼팅은 한 손으로 대충 쳐도 될
만큼 쉽잖아. 쉬운 만큼 만약 실패한다면 정신
적인 장애가 생길 수도 있어. 또 그 거리가 남
게 됐을 때 자신감이 떨어져 실패할 확률이 높
아지는 거지. 짧은 퍼팅은 99퍼센트 정신적인
기술이야."

　프로선수들뿐만 아니라 일반 아마추어들도 게임을 자신감
넘치게 풀어 갈 때를 보면 짧은 퍼팅에 대한 두려움이 없다. 반
면 짧은 퍼팅에 대한 두려움이 있는 사람들은 긴장감이 더해질
수록 게임을 답답하게 풀어 나간다. 결국은 짧은 퍼팅을 흔들
림 없이 성공시키는 사람이 골프 게임의 최종 승자가 될 수 있
다. 묵묵히 경청하던 아내가 갑자기 퍼터를 들고 독립 운동이
라도 나갈 것 같은 표정이다.

"그러니까 이것만 잘하면 세계를 평정한다 이 거지?"
"세계? 제발 세 개 이상 퍼트 좀 하지 마."

짧은 퍼트를 연습하다 보니 홀컵이 정상크기가 아닌 것 같다. 영국 골프 협회에 의뢰해 봐야겠다. 작아도 너~무 작아.

퍼팅 연습을 할 때 많은 아마추어 플레이어들은 중거리 퍼팅 연습을 많이 한다. 도움이 안 된다고는 할 수 없지만 많은 시간을 연습에 할애할 수 없는 아마추어들에겐 시간 낭비다.

5~6m 정도 되는 중거리 퍼트는 프로 선수들에게도 어려운 거리이다. 들어가는 날에는 들어가지만 안 들어가는 날엔 정말 안 들어간다. 그만큼 컨디션이 좌우를 많이 하는 거리이다.

짧은 연습 시간 안에 퍼팅 기량을 끌어 올리려 한다면 이 연습 방법을 추천한다.

시간은 30분 정도로 설정해 보자. 그러면 먼저 5분 동안 아주 먼 거리의 롱 퍼팅을 홀컵 주변에 붙이는 연습을 한다. 타이트하게 붙이려 하지 말고 홀 반경 2m 정도에만 붙이려 한다면 스트로크가 놀라울 정도로 부드러워질 것이다. 다음 10분 동안 60~70cm 정도의 짧은 퍼트를 연습한다. 짧은 만큼 최대한 집중해서 모두 홀인 하도록 연습한다. 다시 10분 동안 롱 퍼팅을 연습한다. 이때 연습 거리가 길수록 좋다. 마지막 5분은 실전에서 퍼팅하듯 라인도 꼼꼼히 살피면서 평균 남는 거리를 연습한다.

아내는 홍길동

U.S. 여자 오픈에서 두 번 우승한 맥 말론이 한 인터뷰에서 이런 말을 했다. "세계 최고의 골퍼들이란 가장 빠르게 경기를 하는 선수이기도 하다." 아내의 플레이는 정말 빠르다. '저기서 치고 있네' 하고 돌아서면 바로 앞에서 몇 번째 타인지도 모를 샷을 하고 있다. 특히 그린에 가까워질수록 그 빠르기는 더욱 속도가 붙는다. 신출귀몰하는 모습이 가히 홍길동이라 할 만하다. 실력을 플레이 속도로 평가한다면 장담컨대 세계에서 다섯 손가락 안에 들 것이다. 그린 주변에서 어지럽게 왔다 갔다 함은 어프로치 샷을 너무 못하기 때문이다. 아내의 어프로치 샷은 두 종류다. 아주 짧거나 아니면 아주 길거나. 계속된 실수 때문에 자신감이 떨어져 짧은 어프로치 샷은 대충 쳐 버린다. 말 그대로 버리는 샷을 한다.

“천천히 좀 쳐. 퍼팅할 때처럼 그린 경사도 좀
살펴보고.”
“보는 데도 자꾸 엉뚱한 데로 가.”
“그래도 계속 봐. 계속 보는 버릇을 들여야 성
공 확률이 높아져.”

그린 주변에서 하는 짧은 어프로치 샷은 의외로 까다로운 기
술이다. 치고자 하는 거리에 맞는 정확한 스윙을 구사하지 않
으면 일단 공을 깔끔하게 맞추기가 힘들다. 타격이 불안정하면
거리 또한 신중을 기울였던 어프로치 샷이 토핑되어 반대편 그
린 끝까지 굴러간다. 그러자 아내가 또 후다닥 움직일 태세를
취한다.

“잠깐!”
“왜?”
“그대로 있어. 공이 멈출 때까지 지켜봐봐.”

아내가 공 한번 나 한번 번갈아 쳐다본다.

“실수한 샷도 많은 정보를 가지고 있거든. 특
히 공이 깃대 근처를 지나칠 때 잘 관찰해봐.

굴러가면서 다 보여주잖아. 그린 빠르기가 어떤지, 경사가 어떤지. 잘 봐두면 돌아오는 샷을 할 때 많은 도움이 돼.”

아내의 어프로치 샷 준비가 제법 신중해졌다. 그린을 걸어서 거리를 재보기도 하고 어디에 공을 떨어뜨릴지 고민도 해본다. 그래도 실수는 여지없이 나온다. 그러나 예전처럼 무턱대고 뛰어 다니던 습관은 없어졌다. 17번 홀에서 아내의 어프로치 샷이 토핑이 나며 낮게 날아오다 깃대를 세게 맞고 그 자리에 섰다.

“어휴~ 저거 깃대 안 맞았으면 저기 그린 넘어 벙커까지 갔겠다.”
“이런 방법도 있었네.”

공을 집어 들고 돌아서는 아내의 입가에 회심의 미소가 걸렸다. 그 표정을 읽은 나는 다급하게 소리쳤다.

“아니야! 그건 방법 아니야! 그러면 안돼!”

'아내의 쫑알쫑알'
깃대만 맞추는 어프로치 신공은 어디서 배울 수 있을까?
남편도 모르는 눈치던데···.

짧은 어프로치를 할 때 많은 아마추어들이 스핀량을 만들기 위해 클럽 페이스를 열고 깎아 친다. 거리 조절하기가 무척 힘든 타법 중 하나이다. 스핀량도 대개는 그린 상태에 따라 차이가 나기 때문에 일부러 스핀을 만들어 내려고 하다간 낭패를 보기 십상이다.

사진 a01~a04

어프로치 거리감이 좋아지려면 일반적인 풀스윙 때와 마찬가지로 클럽 페이스를 열었다 닫아야 한다. 기본적인 타격과 방향성이 모두 향상될 수 있으며 공의 구름도 일정해지기 때문에 예측이 훨씬 쉬워진다.

슬럼프를 사랑한 아내

아내는 연습장이나 라운딩을 마치고 집에 오면 골프 일기를 쓴다. 다른 노트가 분명 있었음에도 불구하고 골프 일기장은 따로 샀다. 거기에 라운딩에서건 연습장에서건 마음에 들었던 것과 아니었던 것을 기록한다. 아내는 일기를 쓰면서 자주 키득대곤 한다.

그래서 아내가 설거지하는 틈을 타 몰래 읽어 봤다. 뭔가 이상하다. 초반부 기록엔 비거리 문제가 대부분이다. 노트 두 면 전체에 무슨 레오나르도 다빈치의 스케치 같은 그림들이 현란하게 그려져 있다. 드라이버 속에 로켓 추진체가 들어있는 것도 있다. 다운스윙을 시작하면 점화되어 스윙 속도를 500km 이상 내준단다(클럽이랑 같이 날아가겠다). 공 표면에 조그만 프로펠러들이 달려 있는 공도 있다. 아주 멀리 날아간단다(아예 지구 밖으로 날려라). 그런데 웬일인지 요즘은 연습하는 데 힘이 없어 보인다. 예전처럼 재미있어 하는 것 같지도 않다.

"나름 열심히 하는 것 같은데 점점 더 못 치는 것 같아. 근데 스윙이 이게 맞아? 이거 아니지? 이렇게 해야 되나?"
"내가 보기엔 둘 다 똑같은데… 그동안 공을 치는 거에만 집중해서 전체적인 스윙 리듬의 균형이 깨져서 그래."
"매번 스윙이 달라. 열 번 스윙하면 열 번이 다 달라."
"일단 오늘 연습은 끝내자. 몸이 많이 피곤한가 보다. 며칠 좀 쉬어보자."

공을 똑바로 날리는 데만 집중하다보면 스윙 리듬이 거칠어지기 시작한다. 그렇게 되면 샷 실수가 하나둘씩 늘기 시작하는데 플레이어로선 스윙 탓을 할 수밖에 없어진다. 이쯤 되면 스윙을 그때그때 상황에 맞춰 조금씩 변형을 가하게 된다. 이때부터 그립의 형태가 바뀌기 시작하는데 그립이 바뀌기 시작하면 스윙은 원래 리듬을 완전히 잃게 된다. 스윙 리듬이 불안정해지면 매번 스윙모양이 달라지는 것처럼 느껴진다. 실제로는 거의 바뀌지 않는데도 말이다. 이때 쓰는 첫 번째 치료법이

골프채를 아예 놓고 쉬는 일이다. 몸의 컨디션이 좋아지면 리
듬감도 다시 회복되기 때문이다. 거기에 스트레칭과 더불어 그
립 잡는 연습을 해준다면 더없이 좋다. 불편해진 스윙 모양을
되살리는 데 그립 연습만한 것도 없다. 그리고 흐트러진 그립
을 빨리 회복시키기 위해서는 공을 치지 않고 그립만 따로 연
습하는 것이 좋다.

"채 하나 꺼내서 그립을 쥐었다 놨다 계속 반
복해봐. TV 드라마라도 보면서 말이야."
"이 연습 아주 바람직한데? 드라마를 보고 나
면 스윙이 좋아진다는 거지? 자기도 시합 전
에 드라마를 꼭 봐."

 아내는 뭔가 새로웠는지 골프 일기장에 드라마 시청과 연습
의 관계에 대해 쓰고 있다. 좀 쓰는가 싶더니 갑자기 '획' 일어
나 마루로 나가 버린다.

"어디가?"
"연습하러."

골프연습도 내가 좋아하는 드라마를 보면서 할 수 있다니.
이런 좋은 방법은 꼭 늦게 가르쳐 주더라. 그런데 남편이
자꾸 내 일기를 훔쳐본다. 골프 일기도 일기거늘.

그립은 처음 잡을 때 신중을 기해 잡는다. 그 다음엔 보지 않은 상태에서 악력을 살며시 놓으며 그립을 잡았다 풀기를 반복한다. 이 동작을 반복하다 보면 손과 손 사이에 공간이 점점 메워져 나중엔 살포시 잡아도 단단히 잡히게 되고 모양 또한 좋아진다.

체중이동

아내의 도랑 치고 가재 잡기가 일주일 이상 계속되고 있다. 마루에서 일주일 내내 드라마를 보며 그립 잡기 연습을 하고 있는 것이다. 거기다 마루에서 스윙 연습까지! 내게는 꿈도 못 꾸게 하더니.

"난 조심해서 하잖아. 근데 왠지 이런 식으로 하면 잘 맞을 것 같아. 지금 연습장 가볼까?"
"그래 가자. 뭐 하나 박살내기 전에."

골프는 100% 육체적인 동시에 100% 정신적인 운동이다. 기술적으로 바뀐 것은 없는데 몸의 컨디션이 돌아오면 잘 칠 수 있을 것 같은 생각이 든다. 그리고 이 생각은 거의 매번 적중한다. 그렇다고 문제가 해결된 것은 아니다. 쉬는 시간 동안 컨디션이 좋아지면서 리듬감이 다시 회복되었을 뿐 문제는 그대로 남아 있다. 그래서 시간이 지나면 같은 문제에 다시 봉착하게 된다. 이때 더 많은 실험과 연습량으로 넘어서지 못하면 '레벨 업'이 되지 않는다. 연습장에 도착한 아내는 마음부터 급하다. 타석 배정을 받고 올라오자마자 공이 안 나온다며 인터폰을 한다.

"신발부터 갈아 신고 스트레칭도 좀 해."
"살살 치다 보면 몸은 풀리지 않을까?"
"오늘은 거리 내는 연습을 할까 했는데 안 되겠다. 덤비는 거 보니까 다치겠어."
"할게, 할게!"
"조용하게 좀 안 되냐?"

　일주일 정도를 쉰 아내는 기대 이상으로 공을 잘 치기 시작한다. 오히려 쉬는 동안 더 발전한 느낌이다. 10분 정도 연습 공을 치던 아내는 벌써 드라이버를 만지작거리며 '호호' 불어 광택까지 낸다.

"드라이버 가지고 연습할 거 아닌데…."
"거리 내는 연습할 거라며? 근데 드라이버로 안 해?"

거리를 늘리는 데는 기본적으로 세 가지 조건이 맞아야 한다. 첫 번째는 공을 '스위트 스팟'에 맞힐 수 있어야 하는데 이것은 스윙 리듬이 일정해지면 손이 알아서 찾아간다. 두 번째는 임팩트 순간에 체중이동이 100% 이루어져야 한다. 세 번째는 스윙의 속도인데 이것은 몸의 유연성과 어느 정도의 근력이 필요하다. 세 번째 조건은 따로 연습이 필요한 부분이어서 일단 첫 번째와 두 번째 조건부터 연습해 보기로 했다.

"여기 연습장에서는 스윙 리듬을 일정하게 잡는 연습만 하자. 체중 이동하는 연습은 이따가 실내에 가서 하고."
"왜 여기서 다하지?"
"여기서 하면 자기는 분명히 1층으로 떨어질 거야."
"왜? 스윙 속도를 감당 못하고 막 날아가나?"
"아니, 자기가 치면서 걸어 나가야 돼."
"치면서 걸어 나가라고? 치면서 걸어? 걸으면서 쳐? 이게 무슨 거리 내는 연습이야? 또 서커스 단원 만들려고 하는 거야?"
"싫으면 안 해도 돼. 아까부터 말이 너무 많네."
"아니야! 할게! 걷기는 뭘 걸어? 이거 내가 생

　아내가 한창 연습 중인 체중 이동은 생각보다 쉽지 않다. 다운스윙 시작과 동시에 오른발을 왼쪽으로 차 주듯이 밀면서 걸어 나가야 하는데 타이밍 맞추기가 녹록치 않다. 이 연습은 공을 맞춤과 동시에 자연스럽게 걸어 나가는 것이 관건이다. 아내는 평상시에도 체중이 오른쪽에 남아 있는 상태로 스윙한다. 그러다 보니 공 보다는 지면을 먼저 때리는 경우가 많았다. 공을 먼저 맞혔다 하더라도 걷어 올려지는 형태가 되어 날아가는 속도가 매우 약했다. 거리 욕심이 많은 아내에게 이번 미션은 큰 도전이 될 듯하다. 아내는 수행 미션을 받으면 조금 해보다 은근슬쩍 그만두기 일쑤였다. 그런데 어려운 과제 중 하나인 체중 이동 연습은 꽤 오랜 시간 인내심을 가지고 하고 있다. 비거리 욕심이 인내심까지 키워주는 모양이다. 아내는 공을 치면서 자연스럽게 걸어 나가지지가 않자 갑자기 소리를 지르며 앞으로 달려 나간다.

으로 걸어 나가야돼.”

체중 이동과 동시에 몸통이 회전을 하고 있으므로 살짝 왼쪽 방향으로 걸음을 내딛어야 한다.

“거리 내는 데 체중 이동 말고 또 뭐가 필요할까?”
“스피드!”
“비거리에 관련된 정보는 술술 아네. 그럼 스윙 속도를 높이려면 어떤 방법이 있을까?”
“아주 세게 휘둘러야지.”
“맞아! 드라이버 거리가 350m 이상 나가는 선수들은 온 힘을 다해서 세게 휘두른대. 그럼 어떻게 해야 그렇게 세게 휘두를 수 있을까?”
“힘이 세야 되나?”
“그렇긴 한데 힘보다는 유연성이 먼저야. 스트레칭을 많이 해서 일단 몸을 유연하게 만들어 줘야 돼. 근력이 세지만 유연성이 없는 사람보다 근력은 약해도 유연한 사람이 훨씬 멀리 날릴 수 있어. 이유는 상체의 회전을 크게 돌려도 골반은 많이 안돌아가게 잡아 둘 수가 있거든.

상·하체의 비틀림을 크게 만들어서 회전력을
강화시키는 거지. 근력 훈련은 유연성이 없는
상태에선 무용지물이 될 가능성이 높아."

체중 이동 연습 중에 가장 고전이며 가장 효과 있는 연습 방법이
다. 임팩트 스루 시 오른발을 툭 차면서 앞으로 걸어 나가는 방법
이다.

그리고 절대 세게 칠 필요 없이 60%의 스피드로만 휘두르며 스윙
속도와 체중 이동의 조화에 집중해야 한다. 조화가 이루어지기 시
작하면 부드럽게 스윙해도 공은 탄력 있게 맞기 시작한다.

비거리의 조건

"난 힘도 없고 유연하지도 않은데…."
"내가 봤을 때 유연성은 괜찮아. 체조선수만큼 유연해야 될 필요는 없어. 지금 가지고 있는 유연성과 근력만으로 스윙속도를 높여 보자고."

　내가 처음 골프를 시작했던 1980년대는 정보가 지금처럼 많지 않았다. 거리를 늘리는 방법으로 타이어 때리기와 고무 튜브 잡아당기기, 그리고 연습 스윙 빠르게 하기가 거의 전부였다. 하지만 무언가 단단한 물체를 때리는 연습은 부상 위험이 많은 방법이므로 피하는 것이 좋다. 내가 생각하는 가장 좋은 방법으로는 역시 연습 스윙 빠르게 하기다. 클럽 무게보다 조금 무거운 것으로 시작해서 나중엔 아주 가벼운 샤프트만으로 스윙하는 방법이다. 공 없이 하는 스윙 연습은 효과적인데 반해 즐길 수 없다는 단점이 있다. 이유는 날아가는 공을 바라보는 시각적 즐거움이 없기 때문이다. 스윙 스피드를 내지 못하는 가장 큰 이유 중 하나는 다운스윙 때 손과 팔의 속도가 감속하기 때문이다. 시선의 초점이 공에 맞춰져 있으면 공을 때려야 한다는 본능이 순간적으로 손에 힘을 집중시킨다. 손에 갑작스럽게 힘이 몰리면 팔과 어깨에도 힘이 들어가게 되고 바로 스윙속도의 감속 요인이 된다. 그래서 처음엔 공이 없는 상태에서 연습하는 것이 좋다.

"그냥 휘두르기만 하는데 어떻게 더 힘든 거 같아. 왠지 허무하기도 하고. 한 번 휘두를 때마다 기운이 쪽 빠지네. 휴우~"
"효과가 좋은 연습 방법일수록 재미가 없어. 좋은 연습방법 대부분이 공 없이 하거나 살살 치게 만들거든. 그래도 원하는 건 분명히 얻을 수 있어."

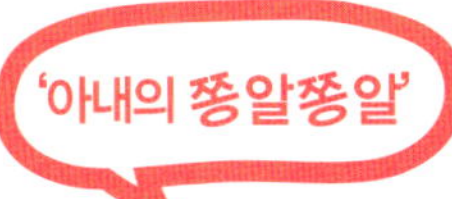

지난주에는 집에서 드라마만 보게 하더니 이번 주는 공도 없이 연습을 시키네.

사진 a01~a03

먼저 클럽의 두 배에서 세 배 정도 되는 무게로 부드럽게 연속 스윙을 한다. 횟수는 기본적으로 12회 정도로 하고 조금씩 늘려 나간다. 절대 세게 휘두르지 말고 왼쪽으로 하는 스윙이 끝나면 똑같은 방식으로 오른쪽으로도 스윙한다. 한쪽 방향으로만 연습하면 몸의 균형이 깨질 수 있다. 몸의 균형이 흔들리면 스윙 스피드는 자동적으로 감소한다.

앞의 연습이 끝나면 바로 샤프트만 가지고 한 손씩 번갈아 가며 빠르게 스윙한다.

클럽을 거꾸로 잡고 스윙해도 되나 헤드가 부착되어 있지 않은 샤프트만 가지고 연습하는 게 효과적이다.

d01

d02

d03

마지막으로 드라이버를 잡고 연습 스윙을 한다. 시작은 부드럽게 시작해서 점점 빠르게 스윙한다. 예를 들면 처음 두 번의 스윙은 아주 부드럽게, 그 다음 두 번은 조금 더 빠르게 스윙하는 식이다. 마지막 두 번의 스윙은 감당하기 살짝 힘든 정도의 빠르기로 마무리한다.

Chapter 22

페어웨이 우드와 친해지기

아내가 좋아하는 연습 종목은 단연 드라이버 연습이다. 그러다 힘이 들면 만만한 아이언을 꺼내 연습을 한다. 라운딩 스코어를 빨리 내리고 싶다면 드라이버뿐만 아니라 페어웨이 우드 실력을 키워야 한다.

"드라이버 연습은 그렇게 좋아 하면서 왜 다른 우드는 연습을 안 해? 나중에 필드 나가서 재미있으려면 페어웨이 우드 연습을 많이 해둬야 돼. 우드 플레이가 좋아지면 거리에 대한 부담감이 줄어서 스코어 내는 데 더 집중할 수 있게 되다고. 어쨌든 스코어가 잘 나와야 진정한 재미가 생겨. 그러면 다음 라운딩이 항상 설레서 준비하는 연습 과정 또한 즐길 수 있게 되거든."

아내는 못내 내키지 않는 표정으로 백에서 5번 우드를 들고
온다.

"우드는 치기 너무 어려워서 재미없어. 매번
굴러다니는데 그럴 바엔 아이언을 더 연습하
는 게 낫지 않을까?"
"제대로 배우면 되지 당장 안 맞는다고 계속
안 쓸 거야?"
"그런데 드라이버랑 아이언은 그럭저럭 치겠
는데 우드는 왜 이렇게 안 돼? 스윙이 다르나?"
"클럽마다 길이가 다르고 생긴 게 조금씩 다
다르잖아, 그러니까 기본적인 스윙 틀은 같은
데 클럽 종류에 따라 아주 조금씩 변형을 줘
야 돼."
"얘기만 듣고 있어도 머리 아프다. 그럼 클럽
별로 스윙이 다 다르다는 얘기잖아. 그걸 다
배워야 돼?"
"그렇게 다르진 않아. 페어웨이 우드는 미드
아이언 치는 방식과 같아. 잔디에서 공만 깔끔
하게 따내는 느낌으로 쳐야 돼. 이뿐만이 아니
라 상황에 따라 밀어 칠 줄도 알아야 하고 끊

어 치고, 잘라 치고, 감아 치고 다 할 줄 알아
야지. 이런 게 골프 레퍼토리야. 티 박스에서
그린까지 가는 동안 레퍼토리가 다양해야 필
드에서 진정으로 즐길 수 있지.”
“처음에 시작할 땐 이렇게 복잡하지 않았잖
아. 무슨 스윙 하나 보여주면서 이것만 배우면
끝장난다며? 이 사람 이거 완전 약장수네?”

아내는 무슨 옐로우 카드 받은 축구 선수마냥 항의한다.

“앞으로 평생 하나하나씩 알아 가는 거지 뭐
바쁠 거 있어? 나는 지금도 레슨 받을 때마다
매번 새로워서 재밌기도 하고 당혹스럽기도
하고 그래. 그 기술의 끝이 어딘지는 아무도
모를 거야.”

페어웨이 우드를 스윙하는 방식은 같은 우드인 드라이버보
다 미드 아이언 휘두르는 방식에 더 가깝다. 다만 클럽 특성상
바닥 면적이 넓어 시각적으로 부담감이 생긴다. 모양은 드라이
버를 닮았는데 티업 없이 쳐야 하니 말이다. 시각적 부담감을
없애려면 익숙해질 때까지 자주 연습하는 방법밖에 없다.

"진짜 연습을 많이 하는 방법밖엔 없는 거야? 빨리 친해지는 방법은 없어?"

"있지. 페어웨이 우드랑 빨리 친해지려면 수건 한 장과 같이 연습해야 돼."

"연습보단 클럽 모양을 개조하면 안 될까? 페어웨이 우드 바닥에 조그만 바퀴 네 개를 다는 거야. 그럼 공 뒤를 쳐도 쓸고 나가 줄 텐데."

"어떻게 쳐야 제대로 맞아 나가는지는 알고 있네. 바로 그렇게 쓸고 나가듯 쳐야 돼. 자기가 하도 드라이브 연습을 많이 하니까 올려 치는 방법만 몸에 배어서 그래."

"그럼 페어웨이 우드 연습 많이 하다 드라이버 스윙 나빠지면 어떡해?"

"그것 참… 드라이버 스윙은 드라이버 스윙대로 우드는 우드 스윙대로 기억해야 된다니까. 그럼 자기는 어프로치 할 때 왜 드라이버처럼 안 쳐? 상황에 따라 모양이 달라지잖아."

"오호~ 선수들은 그 많은 걸 다 기억하고 플레이 하고 있다는 거네. 다시 보이는데."

"그럼. 상황에 맞는 스윙 방법을 적은 책 한 권은 머릿속에 넣어 놓고 다니지."

"난 활자보다 그림이 더 좋은데."

"그것도 좋은 방법이지. 사람에 따라 그림이나 사진에서 본 이미지를 기억하는 게 더 효과적일 수도 있으니까."

"난 어린이 명작동화 되겠다."

"명작이면 다행이지."

"우드로 공을 톡 건드리면 날개가 쏙 나와. 그리고 유성처럼 날아가는데 공 뒤로는 무지개가 형성되지. 그럼 홀컵이 입을 쩍 벌리고 있다가 공을 아주 맛있게 아작아작 씹어 먹는 거야. 이런 그림 어때?"

"그런 그림 아니야! 자기 때문에 내 스윙 이미지마저 이상해지고 있어."

전형적인 올려치는 동작으로 체중이 오른쪽에 많이 남아 있다. 이렇게는 잔디 위에 놓여 있는 공을 깔끔하게 걷어내기 힘들다.

임팩트 스루가 높아지면 방향성이 안 좋아진다.

먼저 공 뒤 20cm 후방에 수건
을 얇게 깔아 놓는다.

임팩트 스루 시 왼쪽 다리에
서 왼쪽 어깨까지가 수평을
이룰 수 있게 연습해본다. 임
팩트 스루 시 클럽 헤드가 지
면에서 가까울수록 방향성이
좋아진다.

날아다니는 수건

　페어웨이에서 공을 깔끔하게 치고 싶다는 아내의 연습은 계속된다. 그런데 공 뒤에 수건을 깔아두고 연습하던 아내는 수건이 거슬리는지 자꾸 뒤로 밀어 버린다. 그러다 내가 쳐다보면 과도한 몸짓으로 수건을 정성껏 공 뒤에 다시 깔아 놓는다. 얼마나 지났을까, 앞 타석에서 연습하던 난 흠칫 놀랐다. 뭔가 시퍼런게 펄럭이며 연습장 4층 아래로 떨어졌다.

"떨어졌다. 어떡하지?"
"뭘 어떡해? 다시 주워 와서 연습해야지."
"자기가 주워다 줘. 주우러 가기 창피하단 말이야."

　주워다 주자 아내는 내 눈치를 심하게 살피며 정성껏 다시 깔아 놓는다. 이렇게 눈치를 본다는 것은 이 연습 방법이 상당히 마음에 안 든다는 뜻이다.

"원래 리듬으로 공을 치면서 그 수건을 안 건드린다는 건 힘들지. 스윙을 빨리 교정하고 싶으면 원래 가지고 있던 리듬을 완전히 망가뜨려 놓고 연습해야 돼. 스윙을 아주 천천히 그리듯 하면서 이미지를 잡아 보라고. 전에도 해 봤잖아."
"그거 진짜 힘든데. 연습은 자고로 빵빵 치는 맛이지. 광속으로 날아가는 공을 지켜보는 그 뿌듯함…."
"누가 들으면 우드로 한 300m 때리는 줄 알겠다."
"그렇단 얘기지!"

  아내는 그렇게 수건을 4층 아래로 떨어뜨리기를 몇 차례 더 반복했다. 왠지 일부러 그러는 것 같다. 주우러 가다 고개를 획 돌려 아내를 쳐다보자 뭔가 의미심장한 미소를 띠고 있다. 나랑 눈이 마주치자 아내도 갑자기 표정을 바꾸며 먼 산을 바라본다.

"좋아, 방법을 바꿔보자. 대신 이번만큼은 될 때까지 해보는 거야."

"그럼, 그럼."

"체중을 왼쪽에다가만 기울여 놓고 치는 방법이야. 요샌 이 방법을 '스택 앤 틸트'라고 불러."

"이름 어렵다. 누가 지은 거야?"

"여러 대가들이 연구한 방법인데 사실 이 방법도 어떻게 보면 그렇게 새로운 건 아니야. 이미 여러 명인들이 사용하던 스윙의 형태야. 이를테면 샘 스니드, 잭 니클라우스, 아놀드 파머가 대표적인 예지."

"그 사람들은 하나같이 이름 앞에 '위대한'이 붙는 사람들이잖아. 나한텐 너무 어렵지 않을까?"

"어렵다고 하면 골프 동작 모든 게 어렵지. 어떤 방법들은 어려워도 효과적이기 때문에 꼭 배워 두는 게 좋아."

"자기가 효과적이라고 하는 건 항상 어렵고 힘들더라."

"일단 해보고 나서 구시렁대지? 알아가는 거에 재미를 붙일 줄 알아야지. 안 될 것만 같았던 게 되기 시작하면 재밌잖아."

"알았어. 요새 너무 어려운 것만 시키는 거 같
아서…."
"자기가 그만큼 레벨이 높아졌다는 거지."
"아, 그런 거야?"
"처음엔 조금 과도한 동작으로 시작할 거야.
하나의 축으로만 치는 스윙을 과도하게 변형
시켜 이론으로 만든 사람은 맥 오그래디라는
프로선수야. 어렵게만 보이던 이론을 쉽게 풀
어놨지. 어렵지 않으니까 이번엔 될 때까지 해
보는 거야."
"알았어. 난 레벨이 높으니까."
"그런데, 아까 수건 일부러 날린 거지?"
"자자, 빨리 레슨해 주세요~."

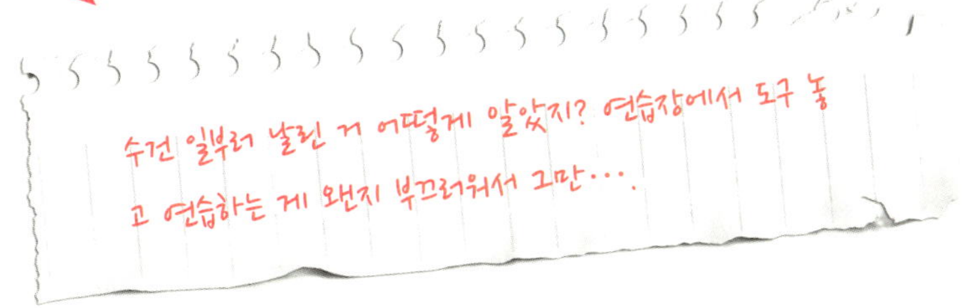

백스윙 시 체중을 오른편으로 보내지 않고 왼쪽에 남겨둔다. 그렇게 되면 스윙 모양은 사진에서와 같이 왼쪽으로 약간 기울어진 모양이 된다.

다운스윙 시 왼쪽에 기울여져 있던 체중을 밟고 일어나듯 위로 일어나면서 공을 친다. 이 연습은 스윙 중심축을 하나로 만들어 놓고 연습하는 것이다. 이론적으론 공을 맞히기 가장 이상적인 스윙 형태이다. 이 연습 방법은 공을 정확하게 맞춰 줌과 동시에 비거리 또한 향상 시켜주는 가장 효과적인 방법 중 하나이다.

퀴즈탐험 골프의 세계

아내가 체중을 왼쪽에 걸어두고 스윙 연습을 시작한 지 4일이 지났다. 결과는 아직 좋아 보이지 않는다. 아이언 샷은 물론이고 드라이브 샷도 전부 찍혀 맞아 곤욕을 치르고 있다. 아내의 표정 또한 돌처럼 굳어 있다. 이번엔 그 어떤 방법도 참고해내리라 다짐했었기 때문이다. 아내는 무표정하게 연습하다가도 힐끔힐끔 눈치를 본다. 그러면서 일부러 나 들리게 한숨을 폭~ 쉰다.

"자기야, 그렇게 연습하면 손목 다쳐. 스윙에 변화를 줬으면 익숙해질 때까지 천천히 조심조심 스윙해야지."
"천천히 하고 있는데도 안 맞아."
"힘을 빼고 천천히 하고 있는지 아닌지는 입 모

양 보면 알아. 지금 힘이 너무 많이 들어가. 처음엔 잘하더니 점점 더 못 치네. 왜 그런 걸까?”

“내가 어떻게 알아? 자기가 알려줘야지.”

“내가 방금 처음엔 잘했다고 했잖아. 한번 생각해봐. 처음엔 잘 되던 게 왜 시간이 지나면 안 되는 거냐고? 연습량이 늘면 실력도 더 좋아져야 되는 게 맞잖아?”

“돌발퀴즈야? 보기 없나? 보기? 맞추면 뭐 주는데?”

“돌아가는 길에 맛있는 커피 사줄게. 잠깐, 그런데 내가 왜 사줘야 돼?”

“맞췄으니까. 맞추면 상품이 나와야 되는 거야. 그건 기본 상식이지.”

“일단 맞춰야 뭘 주든가 말든가 하지.”

“알았어, 알았어. 음… 힘이 너무 많이 들어가서 그래. 맞았다! 맞지?”

“맞는 말인데 답이라고는 할 수 없어. 조금 더 깊게 생각해봐. 그렇담 왜 힘이 들어간 건지.”

“이상한데… 맞추니까 말을 은근히 돌리면서 두 번째 퀴즈를 내네. 어쨌든 맞춘 거다.”

“알았다. 자, 한번 들어봐. 잘되던 동작이 발전

을 멈추고 오히려 악화된다면 일단 연습을 멈춰야 돼. 그리고 사색해야 돼. 어디서부터 꼬인 건지. 경험이 많지 않은 골퍼들은 연습 도중 어떤 문제가 생기면 당황부터 하지. 그리고 당장 눈에 보이는 오류부터 고치려고 애를 써. 분명히 그렇게 되기까지 원인이라는 게 있을 텐데 그 원인을 찾지 않는단 얘기지."
"꽤 심오한데."
"자기가 안 되는 원인은 집중력이 무뎌져서야. 처음에 잘 될 때는 변형된 스윙에만 집중하면서 연습했어. 몸은 불편했겠지만 그 스윙의 모든 조건을 다 소화해 내는 게 초점이었어. 공을 잘 맞추는 건 두 번째 문제였지. 그러다 같은 연습이 점점 길어지니깐 집중력이 무뎌진 거야. 그래서 연습 목표가 스윙 만들기에서 타격으로 자기도 모르게 변환된 거지. 타격 연습을 하면 안 된다는 게 아니고 본인이 현재 무슨 연습을 하고 있는지 정확히 인지하고 있어야 된다는 거야. 여기까지는 심리적인 원인이고 그 원인이 어떻게 기술적인 부분을 망쳐 놨는지 얘기해 줄게. 동작 연습을 할 땐 몸이 받아들이고 익숙해질 때까지 기다려 줘야 돼. 그렇지 않은 상태에서 최대 비거리를 타격하는 연습으로 전환시키면 스윙 리듬이 엉망이 돼 버려. 리듬이 망가지면 몸은 본능적으로 동작 범위를 축소하는 경향이 생겨. 몸의 회전 반경은 점점 작아지는데 최대 속도의 스윙을 하게 되면 조화가 맞을 리 없지. 결국은 스윙이 아니라 손힘으로만 찍어 치게 되는 거야.”

“도대체 뭐라는 거야?”

“자기의 원인은 시선이 너무 공위에 있다 보니 목이 뻣뻣해 졌다는 거야. 그래서 백스윙을 할 때 몸통 회전에 제한이 생긴 거지. 회전이 충분히 이루어지지 않은 상태에서 급하게 다운스윙을 하니까 스윙 각도가 가팔라져서 찍혀 맞는 거지.”

“그럼 어떻게 해야 되?”

“머리를 오른쪽으로 살짝 돌려놓고 공을 흘겨보듯 봐봐. 백스윙할 때 훨씬 여유 있는 회전이 가능해질 거야. 그러면 스윙 반경이 커져서 리듬에 여유가 생길 거고 문제는 해결되지.”

“이게 다야?”

"응."

"그럼 처음부터 그냥 고개 돌리라 하지."

"…."

공을 정확히 맞춰야 되는 것에 집착하다 보면 어드레스 때 시선이 공위에 붙들릴 수 있다. 이렇게 되면 유연성과는 상관없이 백스윙 시 몸통이 돌지 못하고 측면으로 꺾이는 경우가 많다. 이렇게 되면 다운스윙이 필요 이상으로 가파르게 내려와 공을 걷어내기 힘들다. 스윙 템포에 여유가 없어 공을 정확히 타격하기도 힘들다.

어드레스 시 고개를 오른쪽으로 살짝 돌려서 공을 바라보면 몸 오른편에 공간이 열려 몸통이 원활하게 회전하게 된다.

몸통 회전이 커지면 다운스윙 때 스윙 템포에 여유가 생겨 빠르게 스윙해도 여유 있게 공을 강타할 수 있다.

명선수의 조건

부치 하먼과 행크 해니, 데이비드 리드베터는 최고의 골프 교습가로 꼽힌다. 높은 레슨비에도 불구하고 이들의 레슨을 사사 받고자 선수 지망생들은 문전성시를 이룬다. 선수 지망생들의 능력 평가를 할 때, 세 대가들이 보는 공통점이 있다. 바로 '드로우성 구질의 공을 칠 수 있는가 없는가'이다. 드로우성 구질은 스윙의 회전 반경이 크고 손이 움직이는 속도가 몸통의 회전 속도와 적절하게 조화를 이뤄야 한다.

세 명의 대가들은 좋은 골퍼가 되기 위한 조건으로 스윙 동작의 기본적인 조화를 보는 것 같다.

"나는 오른쪽, 왼쪽 다 칠 수 있으니까 대가들이 서로 데려가려고 하겠다."

아내는 실제로 드로우, 페이드 구질을 다 친다. 문제는 의도해서 나오는 게 아니라는 점.

"무슨 소리야? 의도해서 나오는 거야. 봐봐 왼쪽 친다."
"오른쪽으로 가는데?"
"다시 봐봐."
"더 오른쪽으로 가는데?"
"아! 맞다! 반대로 해야지. 저번에도 오른쪽 치려고 하면 왼쪽으로 가고 왼쪽 치려고 하면 오른쪽으로 갔어. 이번에 잘 봐봐. 내가 나를 속이는 샷!"
"계속 오른쪽으로 가는데? 몸도 진화해서 더 이상 안 속네."
"왜 그러지? 드로우는 내 전문인데…."
"자기 전문은 사방팔방이지."

아내의 상체 움직임은 수평으로 잘 회전하는 편이다. 문제는 다운스윙 때 상체가 일어나는 동작이 심해졌다. 대체적으로 초보자들은 스윙 스피드가 붙기 시작하면 일어나는 동작도 심해진다. 임팩트 구간에서 상체가 일어나게 되면 첫 번째로 손목이 돌아가는 로테이션 동작이 이뤄지지 않는다. 이렇게 되면 클럽 페이스 면이 열린 상태로 임팩트 구간을 지나가기 때문에 공은 오른쪽으로 미끄러지면서 출발하게 된다. 두 번째는 상체가 일어나는 동시에 팔 동작은 몸이 회전하는 방향으로 휘둘러지지 못한다. 그래서 공 나가는 방향으로 두 팔이 내던져지게 되는데 이는 심한 푸시성 슬라이스 구질을 만들어 낸다.

"공을 강하게 치려면 뭐 세게 밟고 일어나라며?"
"그래도 상체는 계속 땅을 보고 있어야지. 임팩트 구간에서 상체는 다시 어드레스 때 각도로 돌아가는 거라고."
"그러니까 다리는 서는데 상체는 땅을 보고 있어야 된다는 거 아니야? 또 서커스 동작시킨다."
"그렇게 어려운 동작도 아니야 왼쪽 무릎은 세우되 상체는 다시 어드레스 때와 동일하게 만들면 되는데 뭘."

　아내가 천천히 다운스윙을 할 때 나는 뒤에 서서 아내의 등을 눌러 못 일어나게 만들었다.

“어~ 누르지마!”
“내가 누르는 게 아니라 자기가 일어나려고
하는 거야.”

셋업 당시 몸통이 숙여진 각도를 유지해서 스윙하면 처음엔
엎어 치는 느낌이 들 수 있다. 정확한 느낌이고 피니시까지 한
번에 이어지는 스윙이 자연스럽게 연결된다.

“정말로 드로우가 걸리네. 신기하다. 나도 이
제 대가들이 원하는 조건을 갖춘 건가? 드로우
만들어 줬으니까 당신도 대가로 임명해 줄게.”
“뭐가 먹고 싶구나?”
“캐러멜 마끼아또!”

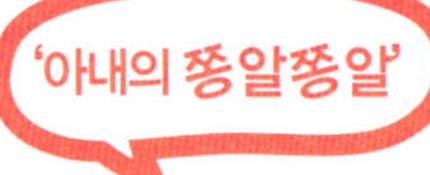

하라는 대로 하니까 잘 되긴 하는데··· 나 혼자 할 땐
왜 사방팔방이람.

어드레스 섰을 때의 상체 각도를 임팩트 구간에서도 유지해야 한다.

다운스윙 시 상체가 일어나게 되면 스윙은 내쳐지게 되고 클럽 페이스도 닫히지 않아 심한 슬라이스를 유발한다.

Part 3

아내,
골프의 날개를 달다.

Chapter 26

쇼핑이 골프에 미치는 영향

　어느 날부터인가 아내가 겨울 골프웨어에 부쩍 관심이 많아졌다. 쇼핑몰이라도 가게 되면 호시탐탐 이것저것 입었다 벗었다 한다.

"갑자기 겨울옷은 왜 그렇게 욕심을 내? 나도 모르는 라운딩 일정이 잡힌 것도 아닐 텐데?"
"그게 아니고. 연습장에 식칼 바람이 막 불어서. 얼어 죽겠다고."
"칼바람은 들어 봤는데… 식칼 바람은 또 뭐야?"
"많이 춥다고 많이!"

　그러면서 아내는 또 이것저것 살피기 시작한다.

"마음 같아선 사주고 싶은데, 내가 겨울 골프를 안 좋아해서 자기도 나갈 일이 없을 것 같은데….”
"연습장이 춥다고! 연습장이!”
"실내 연습장 끊어줄게.”
"그래? 그게 나으려나? 그래도 아까 그 옷은 예쁘지 않아?”
"원래 골프는 따뜻한 날 치는 게 행복한 거야. 날 따뜻해지면 새 옷 사줄게.”
"알았어.”

이리하여 아내는 따뜻해질 때까지 실내 연습장에서 연습하기로 했다. 실내 연습장의 장점은 나가는 공이 보이지 않아 스윙 모양에 집중할 수 있어 좋다. 문제는 자칫 실제로는 필요 없는 동작까지 연습될 수 있다는 점이다. 그래서 가끔은 실외 연습장으로 나가 실내에서의 연습이 실질적으로 적합한지 아닌지를 확인해 보아야 한다. 며칠 후 실외 연습장에서 확인해 본 결과 그새 아내의 구질은 훅성 구질로 바뀌어 있었다.

"실내에서는 분명히 똑바로 나갔는데….”
"치자마자 벽에 닿는데 어떻게 알아? 자기가

상체 동작 연습만 신경 써서 그래. 지금 다리 동작이 상체 도는 방향으로 같이 뱅글뱅글 돌잖아. 상체 동작과 다리는 움직이는 방향이 서로 달라."

"알고 있어. 상체는 제자리 회전, 다리는 측면 이동."

"다리 동작이 상체 움직임에 맞춰져서 빙그르 돌면 안 돼. 위 아래로 비틀어지는 느낌에 가까워."

"좀 쉽게 치는 방법은 없는 거야?"

"없지는 않은데 일단 모양이 안 예뻐. 그리고 반복 능력도 떨어지고."

"예뻐지려면 몸을 비틀고 당기고 찌그러트려야 된다는 거네. 참 예뻐지기 힘들다."

"사람 몸은 어떤 모양이든 의도하는 대로 만들어져. 시간이 좀 걸려서 그렇지."

"바로 예뻐질 수 있는 방법도 있는데…."

"어떻게?"

"예쁜 옷을 사 입으면 되지."

낮에 숍에서 입어봤던 아이보리 패딩조끼가 눈에 아른아
른 거리네. 그걸 입으면 잘 칠 수 있을 거 같은데.

a01

사진 a01

어드레스 동작을 취할 때 골반도 상체
각도로 숙여진다. 그러므로 명확하게
구분하자면 골반까지 상체로 봐야 한
다. 상체는 숙여진 상태에서 수평 회
전을 한다. 그러므로 골반은 수평 회
전의 개념이 아닌 대각선 방향으로 틀
어지는 모양이 나와야 상체각도와 같
은 각으로 회전했다 볼 수 있다.

a02

사진 a02

다운스윙이 시작되면 왼쪽으로 체중
이동이 시작되고 이때 골반 선은 평행
을 이룬다.

a03

사진 a03

왼발을 힘 있게 밟고 일어나면 골반
은 백스윙 때와 대칭이 되는 틀어짐
을 만들어 내며 스윙 속도를 더욱 증
가시킨다.

연습의 방법

아내는 실외 연습장에만 오면 불만이 많아진다. 주된 불만은 연습한 만큼 공이 안 맞는다는 것이다. 이유는 연습하는 방법 때문이다. 다수의 사람들은 연습장에서 아무 목표도 계획도 없이 무조건 멀리, 똑바로만 치는 데 시간을 다 허비한다. 연습장에서 연습을 하다가 공이 잘 맞지 않는다고 화를 내는 사람들이 있다. 이 사람들은 실전과 연습을 완전히 혼동하고 있는 경우다. 나도 그랬다. 연습장에서 공이 완벽하게 날아 주지 않으면 실전 라운딩은 이미 망쳤다고 생각했다. 실험에 완벽을 기하니 점점 더 질식하게 되고 발전도 없었다.

연습장은 실험실이다. 그런데 많은 사람들이 연습장을 실험실이라 생각하지 않는다. 수없는 실패를 쏟아 부어야 할 연습장에서 완벽만을 바라고 있으니 강박이 생기지 않을 수 없다. 이쯤 되면 골프 연습이 즐거울 리가 없다.

연습장에선 기본적으로 세 가지 연습을 한다. 먼저 동작 연습이다. 동작 연습은 타격의 질에 상관없이 만들고자 하는 동작을 계속해서 반복 숙달시키는 작업이다. 익숙해지면 연습했던 동작에 리듬을 넣어 타격의 질을 향상시킨다. 두 번째는 공이 가는 방향과 높이를 연습하는 것이다. 골프공을 똑바로 날리려고 노력하는 연습만큼 지루한 것도 없다. 프로 선수들은 클럽 하나로 보통 아홉 가지 이상의 구질을 연습한다. 이 정도는 아니더라도 똑바로만 치는 연습을 넘어서 최소한 왼쪽, 오른쪽, 그리고 높은 탄도와 낮은 탄도 정도는 연습해 두는 게 좋다. 연습 과정이 상당히 흥미롭고 재미있어서 시간 가는 줄 모르게 될 것이다. 세 번째로는 거리를 일정하게 내는 연습이다. 무조건 멀리 보다는 떨어뜨리고자 하는 곳에 떨어뜨리는 게 제대로 된 연습이다.

이게 끝이 아니다. 다음은 어프로치 샷 연습도 있고 퍼팅 연습도 있다. 그날그날 자신에게 필요한 연습과 방법에 계획을 세워 연습하면 골프가 왜 재밌는 운동인지 알게 될 것이다. 골프동작만큼 몸에 익히기 힘든 게 또 있을까 싶다. 골프는 공을 많이 쳐보는 경험도 중요하지만 이는 빙산의 일각이다. 몸으로 배우면서 동시에 머리로 깨우쳐야 한다. 이론을 이해하고 머릿속으로 본인이 행하는 모습을 비주얼화 할 줄 알아야 한다. 그런데 이 정도가 되기까지 시간이 오래 걸린다. 그래서인지 많

은 사람들이 매년 골프를 시작하지만 그에 준하는 수만큼 그만
둔다고 한다. 아마도 들이는 노력에 비해 보상이 너무 미미한
까닭이라 생각한다. 하지만 연습하는 방법을 한 번 깨우치면
하루하루 발전해 나가는 과정에 평생 설레는 보너스가 있다.

"거북이의 일생과도 같네."
"웬 거북이?"
"거북이는 많은 알을 낳는데 생존율이 극히
낮잖아. 근데 일단 살아남으면 200년을 산다
는 거지. 그런데 문제가 좀 있다."
"뭔데?"
"거북이는 어쨌든 200년을 살지만 사람한텐
그만한 시간이 없잖아. 깨우치는데 시간 다 보
내면 즐길 시간이 없잖아."
"시간이 모자란 만큼 사람은 방법을 강구해
내잖아."

　골프는 게임 능력과 동작 능력을 구분해서 연습해야 한다. 게
임 능력이란 현재 자신이 가지고 있는 실력 내에서 최소한의 타
수를 산출해 게임에 적용하는 것이다. 연습장에서 많은 시간을
할애하고도 100타를 깨지 못하는 아마추어들이 꽤 많다. 이들

의 공통점은 동작 능력이 발전하면 게임 능력도 향상될 것이라고 믿고 있다는 것이다. 동작 능력은 평생 교육이다. 어느 정도 발전하면 바로바로 게임에 적용시켜야 한다. 그래야 그 다음 목표가 생기고 계획이 생긴다. 그렇지 않으면 골프 능력 자체가 비대칭으로 발전한다. 간단히 말해 연습장에서는 잘 되는데 필드에 나가서는 한심해지는 경우다. 이쯤 되면 골프가 그냥 막막해진다.

"알았어. 목표와 계획을 가지고 연습할게. 헉!
근데 나의 목표가 뭐였지?"
"드로우 구질 만들기였잖아."
"아! 드로우! 드로우! 알았어."

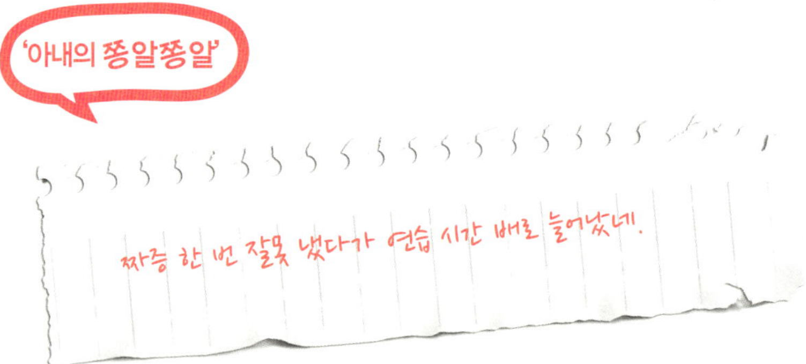

골프 동작에서 가장 어렵게 느껴지는 것이 있다. 바로 몸이 가는 방향이 제각기 다르다는 걸 이해하는 것이다. 아내는 다리 동작을 연습하다가 상체 회전이 하체가 움직이는 방향으로 틀어진 걸 모르고 있었다. 백스윙 때 왼쪽 어깨가 심하게 떨어져서 다운스윙이 가파르게 떨어졌다. 결과는 심하게 찍혀 맞는 공이 많아졌다.

사진 a01

클럽 헤드를 허리 선 높이까지 들고 야구 스윙처럼 열 번 정도 휘둘러 본다.

사진 a02

다음은 무릎 높이에서 스윙해 본다.

사진 a03

마지막으로 공 바로 위에서 몇 번 스윙해보고 이어서 바로 공을 쳐 본다. 몸통 동작이 다시 수평 회전을 하는 데 도움을 준다.

스윙의 순서

간만에 따뜻한 날을 골라 실외 연습장을 찾았다. 연습 직전까지의 아내는 꽤 일관성 있게 움직인다. 이제 아내는 날아가는 공을 끝까지 바라보는 재미를 안다. 그래서인지 시야가 편하게 밝은 시간대인 늦은 오후를 선호한다. 먼저 신발을 갈아 신고 간단한 스트레칭을 한다. 그런 다음 거울 앞에서 셋업 모양과 각각의 스윙 모양을 여러 방향에서 확인해 본다. 그리고 타석에 들어서는데, 타석은 항상 가는 타석으로만 간다. 이유는 그냥 그 자리가 마음 편하다고 한다. 옆에서 지켜본 결과 이 순서를 거의 변함없이 지킨다. 무의식적으로 지켜내는 이 사소한 원칙이 사실 골프 스윙에 많은 영향을 준다.

골프는 얼마나 좋은 동작으로 치는가 보다 얼마나 일관성 있는 동작으로 치느냐가 관건이기 때문이다. 1.5초 정도밖에 안 걸리는 스윙을 일관성 있게 만들기 위해서는 스윙 들어가기 전의 행동부터 일관성이 있어야 한다. 잘하고 있다고 칭찬해 주었더니 마냥 좋아하면서 또 까분다.

"이야~ 나는 무의식적으로도 너무 잘하고 있단 말이야."
"이제 공 치기 직전까지의 순서를 조금 더 디테일하게 만들어보자."
"그런데 아직도 생각만큼 공이 잘 안 맞아. 순서를 한번 바꿔보는 건 어떨까?"
"거기에 대해서 지금 얘기해 주려고 했어. 공 치기 전의 행동엔 일관성이 있는데 정작 공을 치기 위해 스윙할 땐 일관성이 없어."
"나름 리듬 타고 있는 건데."
"리듬은 나름 일정하긴 한데, 몸동작의 순서가 매번 조금씩 달라. 자기는 공 앞에만 서면 공 걸어내는 기계 마냥 서둘러 쳐버리잖아. 스윙을 들어 올리고 치는 데도 순서가 있어. 이 순서를 잘 지켜줘야 일관성 있게 공을 칠 수 있는 거야."
"그 번개 같은 시간에 순서를 어떻게 맞추지?"
"나랑 꼭 똑같이 할 필요는 없지만 나는 이렇게 해. 제일 먼저 움직이는 부분은 손목이야. 손목을 살짝 움직이면서 클럽 헤드를 출발시켜. 그 다음엔 손이 따라가면서 어깨가 돌아. 힙은 최대한으로 버티다가 어깨가 40도 이상 회전하면 그때 같이 틀어지게 해. 이렇게 순서를 맞춰 들면 백스윙이 굉장히 탄력 있게 감기는 느낌이 나.”
“그렇구나. 나는 왠지 모든 동작이 한꺼번에 들리는 느낌이 나더라니. 그래서 스윙이 감기는 느낌이 안 들었구나… 그런데 이 짧은 순간에 네 가지나 되는 순서를 다 지켜내야 한단 말이지?”
“처음엔 무조건 천천히, 그리고 익숙해지면 질수록 부드럽고 빠르게. 누누이 얘기하지만 몸이 받아들일 때까진 천천히 그림 그리듯 동작을 만들다보면 어느 순간 완성된 동작이 나와.”
“아. 미션은 끝도 없어라.”

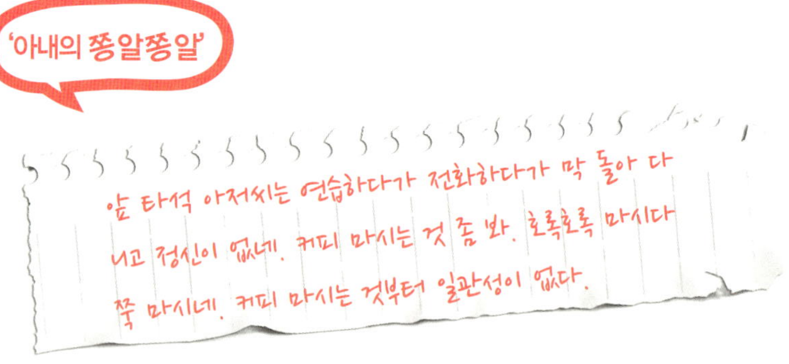

사진 a01~a02

스윙의 시작 타이밍이 일관성 없이 움직인다면 스윙의 첫 움직임
을 클럽 헤드의 움직임으로 설정해보자.
그 뒤로 손이 따라가고, 손이 오른쪽 다리를 지나칠 때 어깨의 턴
은 약 40도 정도로 설정해 본다.

사진 a03~a04

클럽 헤드가 하프스윙으로 전환 될 때 비로소 힙을 풀어 틀어지게
해본다.
이렇게 순서를 정해서 순차적으로 스윙을 올리면 전체적인 모양
이 견고해진다. 동시에 스윙의 일관성 또한 향상된다.

성공하는 골퍼들의 연습 습관

아내의 습관이 많이 좋아졌다. 예전엔 무턱대고 드라이버부터 잡고 휘둘러대더니 이젠 나름 연습 패턴이 일정해졌다. 먼저 상체와 다리를 스트레칭하고 부드러운 연습 스윙으로 몸을 푼다. 공을 칠 땐 56도 웨지부터 시작한다. 1m의 짧은 거리부터 시작해서 어프로치 최대거리인 40m까지 총 20개의 공을 친다. 다음엔 숏 아이언부터 시작해서 미드 아이언 순서로 연습한다. 오늘 만약 짝수 번호인 피칭 8번, 6번을 연습했다면 그 다음 날은 홀수 번호인 채를 연습한다(피칭웨지는 으레 짝수로 친다).

아내는 각각의 아이언으로 총 20개씩의 공을 치고 다음 클럽으로 넘어간다. 이때 공의 개수는 웬만하면 정해 놓고 친다. 만약 스무 번째 샷이 마음에 안 들었다 해도 다음 클럽으로 넘어간다. 이렇게 하면 매 샷에 대한 집중력이 훨씬 높아진다. 이렇게 연습하면서 7번 우드, 5번 우드, 드라이버까지 연습하면 총 140개의 공을 치게 되고 시간은 약 1시간 반 정도가 걸린다. 얼핏 140개의 연습 공은 그리 많지 않게 들린다. 하지만 의미 없이 많은 공을 날려버리는 것보다 이 연습 방법이 10배 이상 효과가 있다고 장담한다.

정해진 개수를 연습하다보면 모든 샷을 완벽하게 소화한 후 다음 클럽으로 넘어가고 싶은 욕심이 생기게 된다. 이로써 매 샷에 목표가 생기게 되고 연습에 정성이 들어가게 된다. 한참을 잘 연습하고 있던 아내가 느닷없이 땅을 '쿵' 하고 내리친다.

"헉! 왜 그래?"
"조금만 세게 치려고 하면 이러네."
"전체적인 팔의 휘두름에 속도가 붙어야 되는데 손에만 갑작스럽게 힘을 줘서 그래. 그런 식으로 바닥 매트를 세게 때리면 갈비뼈와 손목 인대가 다칠 수 있어. 거기 한 번 다치면 깁스를 할 수도 없고 얼마나 오래 가는데."

우리나라 연습장 대부분이 전자동 시스템을 갖추고 있는데 그 특성상 얇은 매트를 쓴다. 바로 밑이 시멘트 바닥이기 때문에 매트를 세게 가격하게 되면 충격파가 누적돼 손목 인대나 어깨 회전근, 내지는 갈비뼈에 부상을 입을 수 있다. 때문에 타격이 안정적이지 않은 초보자들은 특히 조심해서 연습을 해야 한다.

"근데 나는 왜 스윙 속도가 늘지 않고 힘만 들어가지?"
"백스윙 올라가는 길을 먼저 보자고. 자기는 백스윙 때 팔이 몸통 회전 방향으로 따라 돌면서 올라가. 이를 흔히 트위스티드 스윙이라고 해. 모양이 뒤틀어졌다는 거지. 백스윙은 몸통이 제자리에서 회전하되 팔은 오른쪽 방향으로 쭉 밀어주듯이 들어 올려야 돼. 그래야 다운스윙을 잡아 당겨 내릴 공간이 생겨. 그래야 속도를 붙일 수 있지."
"그거 지금 나 알아들으라고 한 소리 아니지? 무슨 소린지 하나도 모르겠어."
"당연히 모르지. 아직은 말로 들어서 이해할 수 있는 단계가 아니라 그래. 직접 경험해 봐야지. 이제 빠르게 스윙할 수 있는 방법을 가르쳐줄게. 자 시작하자고!"

'아내의 쫑알쫑알'

또 괜한 걸 물어봤나? 지난 번 미션도 아직 해결 못했는
데···.

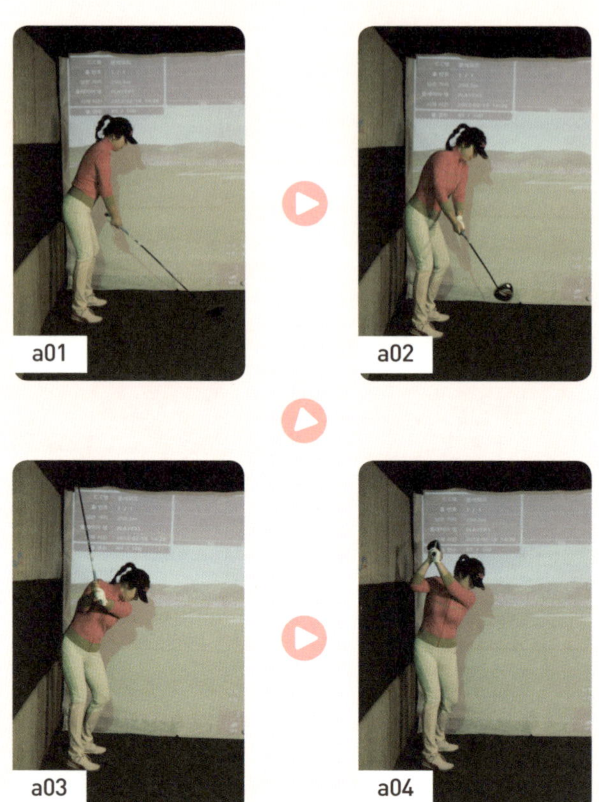

사진 a01~a04

먼저 벽에서 20cm 정도 떨어져 서서 스윙을 해본다. 팔로 스윙을 만드는 골퍼는 테이크 백부터 클럽 헤드가 벽에 닿을 것이다. 이런 스윙 궤적을 '트위스티드(뒤틀린) 스윙'이라고 부른다. 이 스윙은 다운스윙이 몸에 막혀 빠르게 스윙할 수가 없게 된다.

사진처럼 스윙 시작부터 탑 포지션에 이를 때까지 클럽 헤드가 벽에 닿지 않게 연습해 보자.

팔은 몸과 커넥션을 이루고 있지만 동시에 자유롭게 움직이게 된다. 이렇게 클럽 헤드를 벽에 닿지 않은 상태로 백스윙을 하게 되면 클럽을 다시 똑바로 내리기가 쉬워진다. 이렇듯 스윙은 항상 몸 앞에서 이루어지고 휘둘러진다.

소소한 체크

"골프 정말 못됐어."

오늘따라 말없이 연습에 몰두하던 아내가 불쑥 한 말이다.

"골프가 못됐다니?"
"'이제 감 잡은 것 같다' 생각하는 순간부터 공이 안 맞아. 그러면 다시 골프채 처음 잡았을 때로 돌아가는 거 같아. 지금까지 뭘 연습했는지도 생각이 안나. 그러다 공을 보면 공이 막 바보야, 바보야 놀리는 것 같아."
"자기뿐만 아니라 프로 선수들도 흔히 마주치게 되는 현상이야."
"그래? 나만 그런 게 아니라는 거지? 다행이다.

나 혼자만 바보가 된 줄 알고 외로울 뻔했어.”
“일종의 ‘연습 블랙홀’ 같은 거야. 너무 무아지
경으로 연습하다 보면 연습에 리듬이 붙어. 흔
히 그루브 걸린다고 하지. 그렇게 되면 동작
수행과정이 집중을 잃을 때가 있는데 그 시기
를 보면 대체적으로 공이 잘 맞고 있을 때야.”
“맞아, 맞아 그러다가 갑자기 공이 안 맞아.”
“그래서 저번에 연습을 조심해서 해야 된다고
했잖아. 자칫 나쁜 동작을 연습하게 되는 경우
가 생긴다니까? 그래서 망가지게 되면 이래저
래 시간 낭비하게 되는 거지. 물론 그 시간이
꼭 낭비라고 할 수는 없지만 연습 욕구가 떨어
져서 골프가 재미없게 되는 경우도 생겨. 그럼
다시 골프를 하고 싶어질 때까지 시간이 걸릴
것 아냐? 그런 시간들이 낭비라는 거지.”
“아직 연습이 싫증나지는 않아. 어떻게 해야
되는지 방법만 알려줘.”
“알았어. 일단 침착해.”
“빨리 안 가르쳐 주면 ‘침착이’를 잃을 것 같아.”
“예전에도 비슷한 상황을 겪은 적 있어. 침착
하게 잘 생각해 봐봐. 어떤 순서로 풀어 나가

야 되는지.”
“오랜만에 푸는 퀴즈다. 아! 알았다! 드라마 봐야 돼! 공이 안 맞으면 드라마 보면 잘 맞는다 했잖아. 잊어도 어떻게 이 방법을 잊을 수가 있냐.”

아내가 주섬주섬 백을 정리하기 시작한다.

“어디가? 그 방법은 자주 쓰는 거 아니야.”
“왜? 그 방법 효과 좋던데.”
“그건 연습에 지쳤을 때 쓰는 방법이고, 이럴 때 마다 쉬면 언제 늘어? 다시 잘 생각해봐.”
“드라마 보는 거 이상 없는 거 같긴 한데… 혹시 셋업 점검?”
“맞았어! 어드레스 모양이 틀어지진 않았는지 정렬 상태는 양호한지, 그리고 특히 공 놓는 위치가 일정한지 순서대로 확인해 봐야 돼. 이 중에 하나라도 소홀히 하게 되면 아주 조금씩 스윙이 변해. 그러다 어느 순간에 확 망가지지.”
“바이러스가 따로 없군. 알약 먹으면 바로 고쳐졌으면 좋겠다.”

"그렇게 간단하게 고쳐지면 잘 치게 되도 우월감이 없잖아."
"알았어. 우월한 골프를 위해 참아 볼게."

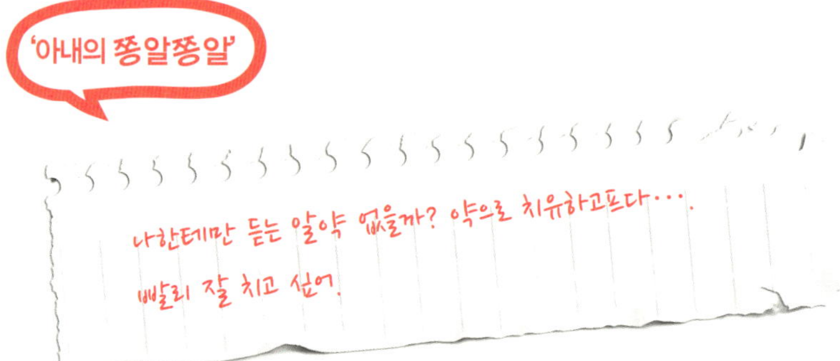

공이 갑자기 맞지 않기 시작하면 제일 먼저 셋업이 사진처럼 틀어
지지 않았는지 먼저 확인을 해본다.

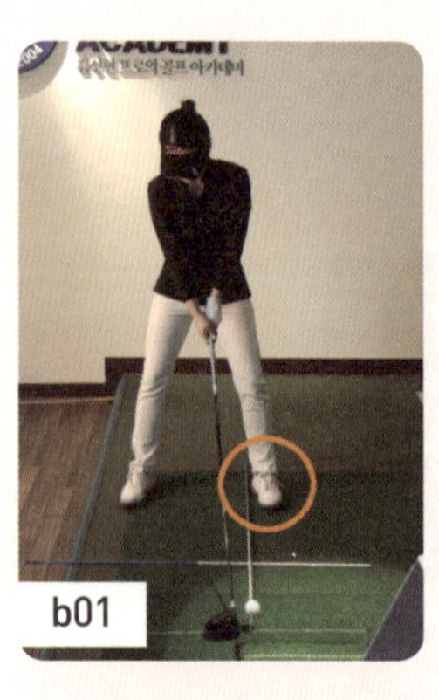

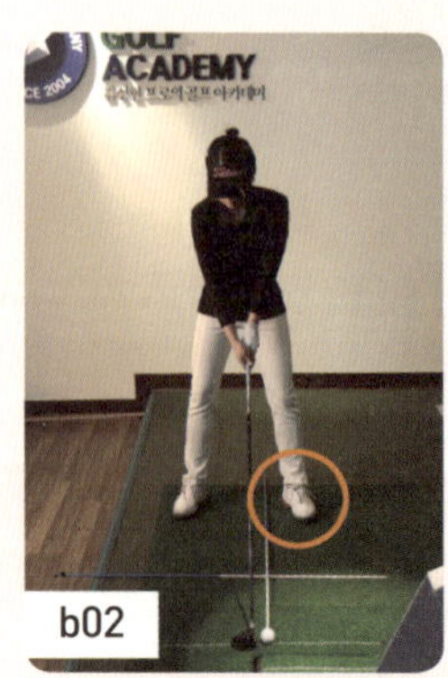

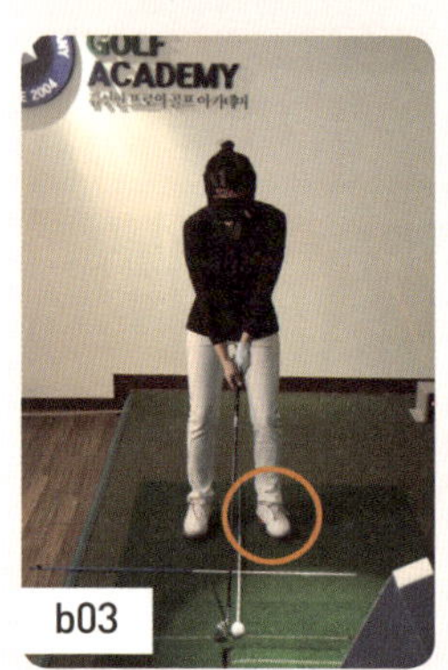

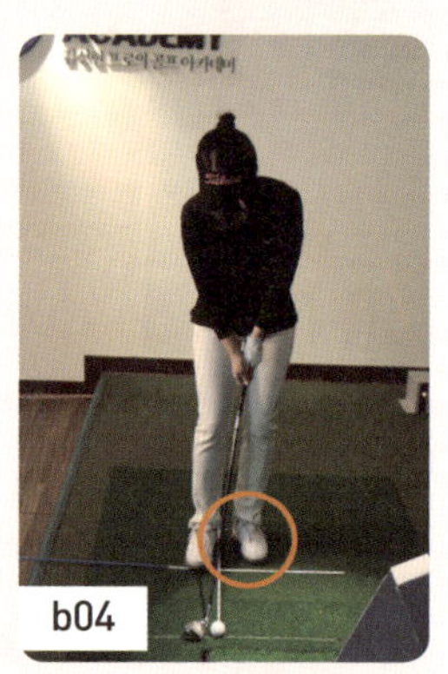

사진 b01~b04

그 다음엔 공 위치를 확인한다. 연습장에서 연습할 땐 평지에서 연습하기 때문에 공 위치를 일정한 곳에 두는 게 좋다.

드라이버 스윙 때는 살짝 업 스윙으로 치기 위해 공 위치를 왼발 뒤축 위치에 두는 경우가 많다. 드라이버 스윙 외에는 모든 스윙의 공 위치를 왼발 뒤축 2인치 정도에 위치시킨다.

클럽 길이에 따라 스탠스의 폭만 바뀔 뿐, 공의 위치는 그대로 두고 연습한다.

클럽 길이에 따라 공의 위치를 바꾸며 연습하는 방법도 있지만 한 곳에 고정 시키는 편이 일정한 스윙을 만들어 내는 데 훨씬 효과적이다. 물론 필드에 나가면 지면의 형태에 따라 응용력이 필요하다.

햇살 모으기

생각만큼은 춥지 않았던 겨울이 가고 봄이 온다. 아내는 그동안 닫혀 있던 덧창을 열고 화분을 분주하게 나른다. 겨울 동안에도 햇살이 제일 잘 든다는 곳만을 찾아 화분을 놓아뒀었다. 덕분에 선인장 꽃은 내내 조그만 꽃을 생생하게 유지했다.

"여기가 햇살이 제일 잘 모이는 곳이야."
"평소엔 햇살이 흩어져 있나?"
"그냥 느낌에… 겨울동안 창문이 애들이랑 햇살 사이에 있었잖아. 햇살도 다 같은 햇살 아니다? 봄 햇살을 직접 맞아봐야지 '또 한해를 사는구나' 하지."
"그러고 보니 앞집 베란다는 햇살이 안 모이네. 저쪽 베란다 화분에 있는 애는 봄이 온지

모르겠다. 그러면 언제 꽃을 피워야 할지도 모
를 텐데….”
“그러니까 애들을 잘 보이게 둬서 알려 줘야지.”

아내는 쪼그리고 앉아서 분무기로 물도 뿌려주고 화분도 깔
끔하게 닦았다.

“날씨도 좋은데 햇살 잘 모이는 곳에 가서 골
프 연습이나 할까?
“그 연습장은 모이는 정도가 아니라 뜨거워.”
“자기도 봄 햇살 받고 꽃을 피워 봐.”
“내 골프는 아직 겨울이야. 연습 잘 끝내고 아,
이제부터 봄날이다 싶으면 다음날부터 찬바
람만 불고.”
“그러니까 봄 햇살 좀 받으라고. 요새 치는 거
보면 팔이 조금 요란하게 움직이는 거 같아.”
“도대체 내 스윙은 왜 항상 시끄럽고 요란스
러운 거야? 봄의 태동은 아닐까?”
“골프를 잘 치려면 모아야 되는 게 있어.”
“뭘 또 모아? 돈? 돈을 모아야지. 그래야 연습
장도 끊고 라운딩도 나가지.”

"스윙할 때 말이야. 팔을 모아서 스윙해야 돼.
양팔을 줄로 칭칭 감아 놓은 것처럼 간격을 유
지 하라는 거지."
"그러면 팔이 몸에 딱 붙어서 움직임이 부자
연스러운데?"
"당장은 그런 느낌이 나는 게 당연하지. 제 멋
대로 움직이려고 하는 걸 힘으로 통제하고 있
으니까."
"그럼 처음부터 이렇게 했으면 됐잖아?"
"내가 전에 얘기 했던 거 기억나? 스윙의 토대
를 만들 땐 각 부분의 움직임을 자유롭게 해줘
야 돼. 처음부터 억지로 틀을 만들어 놓으면
동작에 강박이 생겨서 스윙에 리듬감이 생기
질 않아. 큰 틀 안에서 자유롭게 움직이게 놔
뒀다가 때가 되면 조금씩 통제해 나가야지. 이
렇게 아주 조금씩 업그레이드되어 나가는 거
야. 자기는 서양화 전공이니까 잘 알거 아니
야? 처음부터 디테일하게 그려 나가진 않잖
아. 크게 대충대충 그리고 그 위에 또 그리고
하는 거지."

아내가 채를 들고 어디론가 총총히 가버린다.

"어디가?"
"저쪽이 햇살이 좋아. 저기서 봄맞이 연습할
거야."

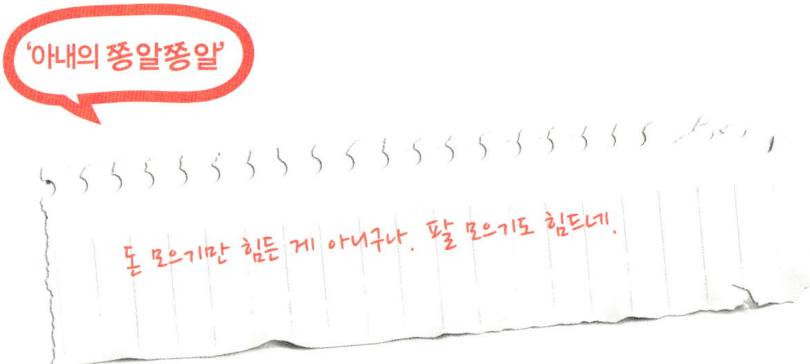

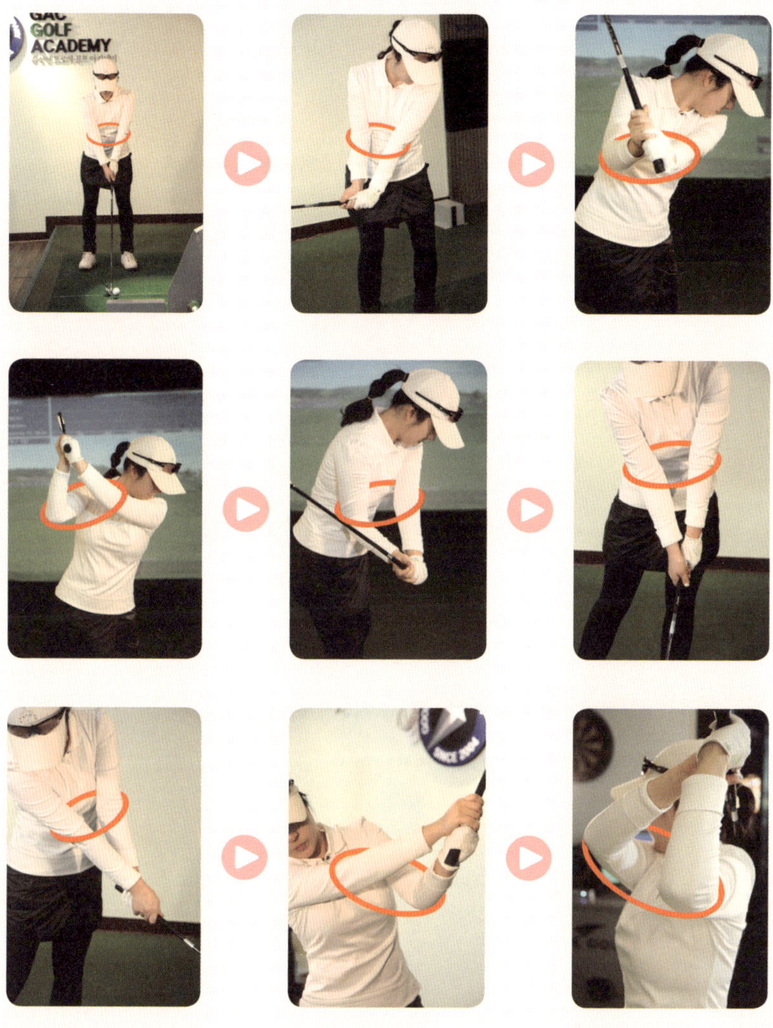

사진처럼 양팔의 간격을 유지해야 한다. 처음엔 조금 답답한 느낌이 들기도 한다. 익숙해지면 스윙하는 동안 양팔 간격에 흔들림이 없어져 매끄러운 스윙과 타격이 가능해진다.

다른 운동이 주는 아이디어

봄이 왔다는 소식을 알려주는 전령사들이 있다. 따뜻한 봄비가 떨어지고 나면 목련이 만발하고 개나리들이 듬뿍듬뿍 안겨온다. 벚꽃들도 봄의 절정을 장식하기 위해 분주히 준비 중이다. 이외에도 한 해의 시작을 알리는 소식들 중에는 한국 골프 투어의 개막과 프로야구의 개막도 있다. 거기다 2012년은 런던에서 올림픽이 열리는 해이다. 그래서인지 스포츠 채널에선 베이징 올림픽 때 경기를 자주 보여준다. 4년 전 베이징 올림픽 때 가장 기억에 남던 승부는 야구 대표팀의 전승 금메달이다.

"저거 지금 하는 거야? 완전 접전이네?"

아내는 내가 예전 경기를 볼 때마다 옆에 앉아 숨을 죽이고 경기를 본다. 분명 저번에도 같이 본건데 아내한테는 이번에도 어김없이 라이브다. 이승엽이 타석에 섰다.

"이번에 이승엽이 홈런 칠건데 스윙을 한번 잘 봐봐."
"홈런 칠지 어떻게 알고?"
"칠거야, 잘 봐봐."

그제야 재방송이라는 걸 안 아내가 채널을 돌리려 한다.

"지금 드라마 본방 봐야 되는데 무슨 짓을 하는 거야?"
"알았어. 이번에 홈런 칠 때 스윙만 봐봐. 강력한 골프 타격의 비밀이 담겨 있어."
"그래? 어디보자. 톡 치니까 넘어가네. 베리 굿! 이제 드라마 보나?"
"톡 쳤는데 굉장히 높이 떠서 멀리 갔지? 그런데 이승엽 선수가 스윙하는 걸 보면 공을 밑에서 위로 올려 치는 게 아니라 위에서 아래로 내리치는 것처럼 보인단 말이야? 이 때 공에 백스핀이 걸리면서 공기를 타고 높이 뜨게 되는 거 같아. 골프 다운스윙도 저 원리하고 똑같거든. 자기 스윙은 지금 너무 인사이드 아웃으로 던져져. 그렇게 되면 공을 밀어 치게 돼서 스윙에 속도도 안 붙고 타격도 무뎌지지.”

아내가 졸린 고양이의 눈을 하고 쳐다본다. 투수를 확 밀쳐버리고 곧바로 2루로 뛰면 안 되냐고 물어보는 아내다. 이런 사람한테 야구 스윙을 예로 들어 설명을 하는 거 자체가 애당초 무리였다. 그래도 어차피 시작한 레슨, 끝을 봐야 한다. 무엇을 또 예로 들까 생각하다 좋은 비유가 생각났다. 바로 검으로 볏단을 벨 때의 동작이다. 나는 아내한테 목검까지 쥐어줬다. 그리고 앞에 볏단이 있다 생각하고 사선으로 자르는 동작을 시켰다.

“지금 하는 동작이 다운스윙의 기본이야. 공을 사선으로 자르듯이 치는 거지.”
“그럼 공이 깎여 맞아서 슬라이스 나잖아. 슬라이스 겨우 잡아 놨더니만.”
“다운스윙을 사선으로 잡아당기는 느낌이 드는 건 어깨가 회전하기 전에 손이 먼저 내려오기 때문이야. 사실은 공 나가는 방향으로 똑바로 당겨지고 있는 거지. 그리고 오른쪽 어깨를 떨어뜨리지 않고 정면을 향해 똑바로 서주면 슬라이스 안 나. 스윙 속도도 빨라지고 타격이 얼마나 날카로워지는데.”

다른 운동을 하면 골프 스윙을 망친다고 믿는 사람들이 의외로 많다. 그런데 하는 방식이 전혀 다르게 보이는 운동 종목들도 자세히 관찰해 보면 비슷한 원리를 지니고 있다. 그래서 다른 운동을 하다 골프 아이디어를 찾게 되는 경우가 종종 있다.

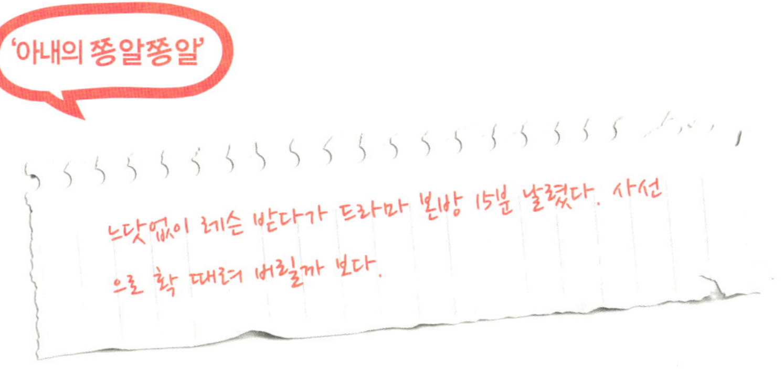

검으로 볏단을 자르듯 다운스윙을 사선으로 당겨 내려 보면 다운
스윙의 이해가 빨라진다.

하와이의 추억

나는 어렸을 적엔 미국 자체가 하와이인줄 알았다. 외국 드나들기가 지금 같지 않았던 시절에 내가 들었던 미국에 대한 이야기는 연푸른 바다와 야자수, 그리고 보니 엠의 깊고 노을 같은 하모니였다. 꼭 그렇다는 게 아니라는 건 나중에 미국에 가보고 알았다. 은근히 실망한 나는 하와이를 가보지도 않고 짐작했다.

"가봐야 뭐, 캘리포니아 축소판이겠지."

그런 하와이를 결혼을 하고 허니문으로 가게 됐다. 가기 전만 해도 신혼여행의 전형처럼 여길 와야 되나 싶었다. 아내가 가보고 싶었던 곳이라 해서 솔직히 꾹 참고 갔었다. 날아가는 시간도 길어서 '꼭 이렇게 멀리 가야 되나' 하는 생각도 들었다.

하지만 정작 그곳에 도착하자 바로 그곳 사람이 되고 싶을 정도로 좋았다. 따뜻한 바람 속에 엘비스 프레슬리의 하와이안 웨딩송이 와이키키 파도 소리와 어우러져 귓가에 들려오는 듯했다. 시간이 멈춰 있는 것 같은 한 폭의 유화 속을 거니는 것 같았다. 아내와 난 여기 저기를 정처 없이 걸었었다.

그러다 끝이 보이지 않을 정도의 정갈한 풀밭정원이 눈앞에 펼쳐졌다. 아무 높낮이도 없는 퍼블릭 골프 코스였다. 아무도 없는 늦저녁의 페어웨이를 걸으면서 아내는 뭐 이런 데가 다 있냐며 마냥 행복해 했었다.

375야드 파4 티박스에서 티 샷을 하는 시늉을 했는데 내가 습관적으로 하는 오른팔 동작 때문에 아내가 웃은 적이 있다. 나는 셋업을 할 때 팔꿈치로 옆구리를 가볍게 톡톡 쳐본다. 오른쪽 어깨의 힘을 빼려고 하는 동작이다. 나는 하고 있는 줄도 모르는 습관적이자 강박적인 동작이다.

나는 유연성이 남달리 떨어져서 예쁜 스윙 만드는 데 참 많이 좌절했었다. 전체 스윙을 하는 도중에 두 팔 간격이 잘 모이질 않았다. 골반과 어깨가 유연하지 않아 몸통의 회전이 원활하게 돌지 않은 까닭이다. 그러다보니 오른팔이 벌어져서 다운스윙 때 몸에서 자주 떨어졌다. 스윙 도중에 오른팔이 몸통 가깝게 붙어 있지 않으면 공 날아가는 컨트롤이 엉망이 된다. 말 그대로 오른쪽, 왼쪽으로 날아가는 공이 다 나온다. 특히 오른팔의 힘이 센 사람들은 왼쪽으로 확 꺾어지는 훅 구질의 공을 본의 아니게 만들 수 있다. 나는 스트레칭과 함께 어깨 힘을 의도적으로 빼고 연습하면서 이 문제를 극복했었다.

스윙을 할 때 오른팔이 몸에서 떨어지는 건 거의 모든 초보자들이 겪는 오류 중 하나이다. 아내도 다운스윙 때 오른팔이 몸에서 떨어지는데 나하고는 이유가 다르다. 아내는 유연하지만 팔의 근력이 떨어지는 게 문제였다. 그래서 다운스윙 때 아무래도 상대적으로 쓰임새가 익숙한 오른손을 주손으로 쓰는 게 문제였다.

다운스윙 때 두 팔의 힘이 다 쓰이긴 하지만 스윙의 리드는 왼팔이 해 주어야 한다.

아내는 스윙에 자신이 붙으면서 나름대로의 다운스윙 타이밍이 생겼다. 백스윙 탑에서 다운스윙으로의 전환을 오른손의 힘으로 하는 것이다. 이때, 오른팔은 몸에서 떨어지면서 짓누르는 형태의 스윙을 하게 된다. 결과는 낮게 왼쪽으로 휘거나, 찍혀서 '퐁' 떴다가 힘없이 떨어지는 공이 나온다.

오랜 연습 끝에 나오는 속도감으로 휘두르는 골프 스윙은 정말 신난다. 하지만 이때가 가장 조심해야 될 시기이다. 넘치는 자신감이 자칫 부상을 초래할 수 있고 공들인 스윙에 군더더기를 남길 수도 있다. 그래서 투어 선수들은 풀 스피드의 스윙을 많이 아낀다. 40%~70% 정도의 속도로 공을 많이 쳐 본 이후에 균형 확인 차 최고 속도로 스윙해 본다.

"내 스윙에 문제가 많아? 공이 자꾸 왼쪽으로
가네. 땅을 콩콩 찍는 거 같기도 하고."

　말없이 연습을 지켜보던 내게 아내가 물어 본다. 난 하와이에
서 내 오른팔 동작을 보고 웃었던 아내가 생각나서 피식 웃었
다. 그때는 정말 몰랐겠지? 나와 같은 문제로 고생하게 될지?

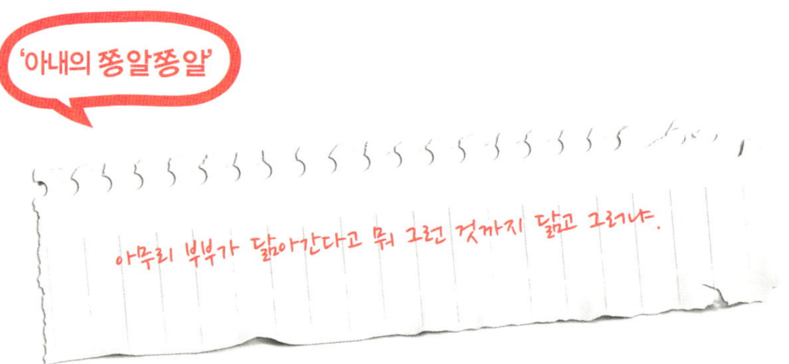

회전이 큰 훌륭한 백스윙이었으나 다운스윙 때 오른쪽 어깨에 힘
이 많이 들어가 버렸다.
오른팔이 몸에서 멀어지면서 손이 내리누르는 모양이 되어 버
렸다.

사진처럼 왼손은 정상적인 그립을 잡고 오른손등은 왼손목을 받친다.
오른손이 그립을 놓고 있기 때문에 다운스윙은 왼팔로 할 수밖에 없게 된다.
이때 오른팔이 자연스럽게 몸에 붙게 된다.

Chapter 34

남편은 하이드

운동은 선천적으로 붕붕 날아다니기 좋아하는 마이클 조던 같은 사람들이 하는 거고, 본인은 철저하게 관객의 운명을 타고 났다고 믿던 아내였다. 그러던 아내가 골프라는 운동을 시작했다. 그리고 벌써 1년이 지났다. 두 달 이상은 힘들지 않을까 싶었던 나의 예상을 완전히 깨뜨렸다. 어떤 재미가 있냐고 물어보니 재미는 없단다. 헉! 이건 또 무슨 말인가?

"막 재밌고 그런 거 보다는 너무 궁금해서 그래."
"뭐가 그렇게 궁금한데?"
"왜 이렇게 안 맞지? 그런 거. 특히 연습장에서는 바로바로 치겠는데 실제 필드 나가서는 그게 잘 안 되잖아. 연습장에서처럼 스윙도 안 나오고. 왜 그러지?"

"비밀이 있지."

"바로 그 비밀의 뚜껑이 열릴 땐 재밌어. 뭔데?"

"예전에 스윙 순서 연습했던 거 기억나? 스윙에만 순서가 있는 게 아니야. 그 스윙을 시작하기 전부터 이미 일정한 동작의 순서가 있어야 돼. 이제부터 스윙을 시작할 거라고 몸에 알려주는 거지. 그걸 프리샷 루틴이라고 해. 그 루틴이 일정하지 않으면 연습장에서 연습했던 동작이 실제 필드에선 잘 안 나와."

"말로 하면 안 될까? 나 이제 스윙 시작할 거라고. '내 몸아 알겠니?' 하고."

"해봤는데 그거보단 반복된 동작을 익혀서 무의식적으로 나오게 하는 게 훨씬 효과적이야."

"해봤다고?"

"응, 시합 중에 혼자 묻고 답하고 얘기하고 그래 봤지."

"그랬더니 뭐래?"

"뭘 뭐래, 말 안 듣지 뭐."

"그래서 자기한테 두 개의 자아가 생겼구나? 지킬과 하이드처럼. 종종 하이드가 튀어 나오

는 거 알아? 뭐 지킬일 때도 그다지 좋은 성격
은 아닌 것 같지만."

공을 치러 들어갈 때 루틴을 일정하게 만들어야 호흡 또한
일정하게 유지할 수 있다. 호흡에 변화가 생기면 감정의 변화
가 오게 되고 이는 동작 수행에 영향을 주게 된다. 긴장했다거
나 게임 진행이 느슨할 때 스윙 리듬이 깨지는 경우가 많다. 호
흡에 변화가 왔기 때문이다. 이럴 때 의식적으로 루틴에 집중
하면 곧 평정을 되찾을 수 있다.

"난 타이거 우즈 루틴 따라 해야지."
"두 손으로 잡고 들어가는 거 은근히 힘들어.
방향 보고 서는 능력이 탁월해야 돼."
"그거보단 폼이 나는 게 우선이지."
"그냥 한 손으로 들어가. 방향 잡기가 쉬워."

아내와 나는 연습 시간 내내 루틴 방법으로 티격태격 하다
결국 한 손 루틴으로 결정하고 돌아왔다. 아내는 가장 좋아하
는 연습 방법인 '드라마 시청하기'를 하고 있다. 내가 냉장고 쪽
에 조금 더 가깝게 앉아 있다는 이유로 물 배달까지 막 시킨다.
갖다 주니까 또 다른 요구가 날아온다.

"아! 요구르트도"
"아, 한꺼번에 좀 시켜!"
"저 봐라, 저 봐! 하이드 나온다 나와… 그게
호흡이 불규칙해서 그런 거라고… 일정한 루
틴으로 왔다 갔다 하면서 내가 뭐 필요한 게
없는지 물어봐."
"기가 막혀."

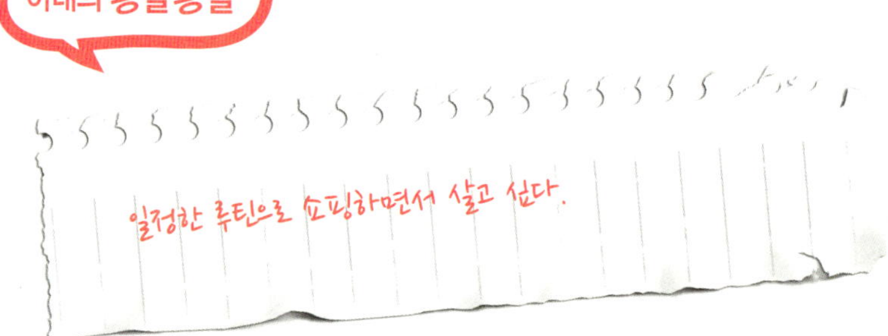

사진 a01~a03

클럽을 오른손으로 잡고 들어가 셋팅을 하는 루틴이다. 본 방향대로 셋팅을
맞추기 쉬운 루틴 중 하나이다.

 b01

 b02

 b03

공 뒤에서 방향설정 시 그립을 잡고 바로 셋팅으로 들어가는 루틴이다. 간결한 만큼 원하는 방향을 향해 서는 능력이 좋아야 한다.

Chapter 35

공 앞에만 서면 급한 마음

라운딩을 앞두고 아내의 연습량이 거의 두 배 가깝게 늘었다. 공 치는 속도 또한 점점 빨라진다. 타석에 오토티가 내려갔다가 올라오는 시간마저 못 기다리는 표정이다.

"정신없어, 무슨 연습을 그렇게 해?"
"간만에 필드 나가는데 내 어찌 연습을 게을리 할 수 있겠어."
"지금 하는 게 연습이야? 그냥 무더기로 버리는 거지. 차라리 바구니에다 공 가득 담아 줄 테니까 저기 가서 막 던지고 놀아."
"쳇, 이젠 열심히 해도 뭐라 하네. 그럼 어떻게 하라고? 위대한 결과는 결국 연습량이 말해주는 거라며?"

"그렇긴 한데 제대로 하나 빼놓고 들었네. '어떻게'가 빠졌잖아! 올바른 방법으로 반복을 해 나가야지, 무조건 많이만 친다고 느나? 같은 동작을 반복한다는 건 곧 습관을 만드는 작업이야. 한 번 만들어진 습관 고치기가 얼마나 힘든지 알잖아? 그럼 조심해서 정성껏 만들어야지."

"나한테만 막 뭐라 한다. 자기도 습관 안 좋으면서."

"내가 뭐?"

"빨래 아무데나 막 던져 놓잖아! 잘 넣어두라고 박스까지 구해 놨는데 뚜껑 위에다 막 벗어놓고! 이제 빨래 안 해준다!"

"알았다고."

아내는 타석으로 들어가 또 서둘러 스윙을 하려고 한다. 나는 바로 긴급 제안을 했다.

"다시 나와서 실제 필드 나가서 하는 순서대로 해보자. 뒤에서 보고 들어가는 것부터. 실제 티박스에 서는 상상을 하는 거야. 페어웨이는 넓은 편인데 왼쪽은 해저드, 오른쪽은 산. 자! 이제 들어가 봐."

아내는 루틴에 맞춰 자신 있게 타석으로 들어섰다. 그런데 뭐가 불편한지 스윙을 시작 못하고 자꾸 그립을 놨다 잡았다 반복만 하고 있다.

"언제 치려고?"
"이상해. 스윙 시작을 못 하겠어. 왜 이러지?"
"그래서 공치기 직전까지의 습관을 평소에 잘 만들어 놔야 돼. 오토티에서 올라오자마자 치는 게 습관이 되서 막상 실전처럼 치려니까 스윙의 시작 타이밍을 못 잡는 거야. 오늘부터는 공을 치는 바로 그 직전까지의 동작을 만들어서 연습해봐. 그게 습관이 돼야 필드 나가서 당황스럽지가 않아."

'아내의 쫑알쫑알'

오토티를 하나 사서 티박스마다 묻어야겠다. 그럼 시간상
남들이 칠 때 나는 얼른 땅속에 오토티를 묻어야 하는데.
내 모종삽으로 되려나?

1. 몸통 웨글

거의 하프웨이 스윙 정점까지 갔다 내려오는 웨글로써 손목 감보다는 전체 몸통 회전에 중점을 둔 웨글이다. 이를 사용하는 대표적인 선수로는 캐나다 출신의 마이크 위어 선수가 있다. 이렇듯 어떤 스타일의 웨글을 하든 그 모양이 중요하지는 않다. 다만 얼마나 일관성 있느냐가 관건이다.

2. 손목 웨글

웨글 중에 가장 많이 사용되는 방법 중 하나이다. 손목을 사용해 클럽 헤드를 크게 또는 작게 왔다 갔다 한다. 클럽 헤드를 흔드는 스윙 크기와 횟수는 본인이 직접 설정하면 된다. 예를 들어 존 댈리는 첫 흔듦은 작게, 그 다음은 살짝 크게, 다음은 더 크게 흔들었다. 그렇게 세 번을 웨글하고 거침없이 그 길고 길었던 '인디애나 폴리스 쿠룩스틱'을 '파3'로 만들어 놓았다.

3. 호버 업

명확한 이름이 있는 건 아니지만 클럽 헤드를 지면에서 살짝 띄우는 걸 '호버 업(Hover up)' 한다고 표현한다. 손목과 관절에 필요 이상으로 힘이 들어가는 것을 방지해 스윙 리듬이 부드러워지고 스피드도 빨라진다.

그림동화 야디지북

아내는 내비게이션 예찬론자다. 운전할 때마다 내비게이션에 대한 감탄과 칭찬을 아끼지 않는다.

"얘가 요리조리 설명 안 해 줬으면 세상에 여길 어떻게 찾아? 예전엔 얘 없이 어떻게 길을 찾고 다녔지?"

듣고 보니 정말 그렇다. 7~8년 전만 해도 내비게이션 없이 운전하는 게 보통이었다. 그땐 어떻게 길을 찾았을까? 물론 그때도 세밀한 지도들이 많이 있었다. 하지만 그보다 더 의존하던 게 있었으니, 바로 운전자의 감이었다. 목적지를 향해 출발함과 동시에 운전자들은 경험을 되살려 길에 대한 모든 정보를 머릿속에 풀어 놓는다. 그리고 더듬이 같은 긴촉을 세워 목적지를 기가 막히게 찾았다. 문제는 간혹 감이 무뎌졌을 땐 엄청나게 헤매기도 했다는 점이다.

예전에 골프 경기에서도 선수들은 필드를 직접 걸으며 거리를 측정했다. 하지만 요즘은 뛰어난 성능의 GPS가 그 수고를 덜어준다. 그런데 골프 경기는 거리 이외에도 다른 많은 정보들을 필요로 한다. 선수들은 그런 정보들을 수첩에 적어두고 매홀 조심스럽게 한발 한발 나아간다. 감에만 의존했다간 크게 낭패를 볼 수도 있기 때문이다. 그래서 같은 실력의 선수라도 누가 그 코스에 대한 정보를 더 알고 있느냐에 따라 점수 차이가 크게 나기도 한다.

"나도 골프 내비게이션 사줘!"
"그 말이 왜 안 나오나 했다. 자기는 GPS가 정확한 거리를 산출해 줘도 그 거리를 못 맞추기 때문에 아직 필요 없어."
"사주기 싫으니까 막 무시한다. 나도 내비게이션!"
"그것보다 더 좋은 거 가르쳐 줄게. 자기가 직접 만드는 거야. 이번에 나갈 골프장 홈피에 들어가면 코스 그림하고 거리 정보가 있어. 그걸 참고로 자기만의 지도를 새로 만드는 거야.

그걸 '야디지 북'이라고 해. 같은 거리라도 나
하고 자기하고 플레이 방식이 서로 다르잖아?
그러니까 '어떤 클럽으로 티 샷해서 몇 번 만
에 그린에 도달시키겠다' 같은 그런 계획들."
"재밌겠다. 플레이하기 전에 미리 예언하는
거네?"

몇 시간 뒤 아내가 직접 만든 야디지 북이라며 자랑스럽게
보여준다.

"근데 앤 뭐야?"
"걘 백곰."
"백곰이 왜 해저드에 있어?"
"그 연못에 사는 애야."
"앤 또 뭔데?"
"큰 뱀. 이 계곡엔 큰 뱀이 살아. 그러니까 이
쪽으로 치지 않겠다는 결연한 의지를 표현했
다고나 할까."
"조금 더 사실적으로 표현해야 돼. 거기 뱀이
어디 있어?"

'아내의 쫑알쫑알'

이보다 어떻게 더 사실적으로 그려?
나 미대 나온 여자야!

플레이하게 될 코스의 정보를 미리 공부해 놓고 나가게 되면 게임의 짜임새가 좋아진다. 그림이나 표식은 본인만 알아볼 수 있으면 되기 때문에 만드는 데 많은 시간을 투자하지 않아도 된다. 선수들은 많이 다녀봤던 코스라 할지라도 매번 정보를 확인하고 치는 습관이 있다. 엉뚱한 판단을 사전에 예방할 수 있기 때문에 타수를 더 단단하게 지켜낼 수 있다.

Chapter 37

시간의 힘

시간의 힘은 실로 위대하다. 아내와 처음 골프장에 나갔을 때 마치 갓난아기와 있는 것 같았었다. 어디서 쳐야 하는지, 언제 쳐야 하는지, 심지어는 어디에 서 있어야 하는지까지도 일일이 챙겨 줘야 했다. 언제부터인지는 모르겠지만 나도 모르는 사이에 아내는 아기 골프에서 소녀 골프로 성장해 있었다. 티 샷을 마치고 나가는 아내를 뒤따라가면서 나도 모르게 미소가 지어졌다. 나의 시야 한가운데서 움직이고 있다는 사실이 새삼 신기하게 느껴졌다. 얼마 전까지만 해도 내 시야 화면 왼쪽 끝에서 오른쪽 끝으로 분주하게 뛰어다녔었는데 말이다. 꽃을 좋아하는 아내는 공을 찾으러 깊은 러프에 들어가는 것도 마다 않는다. 공 대신 예쁜 들꽃 한 송이를 가져와 물통에 꽂아 놓기도 한다. 하필이면 꽂아도 꼭 내 물통에 꽂는다. 그리고 몇 번 홀엔 무슨 꽃이 있고, 또 그 꽃의 상태와 표정이 어떤지 나에게 일일이 말해 주곤 한다. 집 앞의 산책로를 걷는 것도 힘들다고 하던 아내가 골프장에선 산도 탄다. 문득 어디 갔는지 돌아보면 산자락에서 뛰어 내려온다.

"공 찾았어?"
"내거는 못 찾았어. 근데, 짜안!"

아내는 주머니에서 공 일곱 개를 꺼내 보여준다. 느닷없이 페어웨이 한 복판에서 좌판 시장이 벌어진다. 알고 가져온 거 같지는 않지만 꽤 쓸 만한 것들도 있다. 동반 플레이어들에게 좋은 건 다 나눠주고 정작 아내는 노란색 공 하나만 챙긴다.

"그래도 힘들게 주워 왔는데 너무 밑지는 장사 하는 거 아냐?"
"또 주우면 되지. 다음 홀 백곰 마을에 가면 더 큰 수확이 예상돼."
"백곰 마을은 또 어디야."

아내는 방향 서는 실력도 많이 좋아졌다. 문제는 타격에 자신이 붙으니 깃대 방향으로 무리하게 공략을 시도한다. 결과는 별로 좋지 않다. 아내가 자신 없어 하는 벙커나 그린 주변 깊은 러프에 빠지기 일쑤다.

"깃대를 바로보지 말고 주변에 안전한 곳을 먼저 찾아봐. 골프는 지금 치는 샷도 중요하지만 다음 샷을 어디서 하게 되느냐가 더 중요해."
"깃대만 보면 공으로 막 맞추고 싶어져."

세컨 샷을 하기 전에 깃대의 위치를 잘 살펴서 주변이 안전한지 먼저 파악해야한다. 예를 들면 사진처럼 벙커나 어떤 위험 지역에 근접한 깃대는 직접 공략을 피하는 것이 좋다. 허무하게 타수를 잃지 않는 확실한 방법은 위험지역에서 멀리 떨어져 플레이하는 것이다.

코스 매니지

아내는 직접 만든 야디지 북을 들여다보면서도 습관적으로 나에게 거리를 묻는다. 그동안 내가 밀착 동행하며 거리와 방향을 알려주었던 게 익숙해진 탓이다.

"야디지 북에 거리 표시 해놨잖아. 코스 안에 거리목도 봐 가면서 자기가 직접 판단해봐."
"아까 80m 남은 거리에서 9번 쳤는데 아주 짧았어. 그때 이후로 판단이 잘 안 서."
"150m 거리목을 100m로 잘못 본 거 같던데."
"근데 왜 얘기 안 해줬어! 나쁘다!"
"난 자기가 이쪽저쪽 살펴가면서 조심스럽게 채를 빼들길래 무슨 공략방법이 있는 줄 알았지."

거리 읽는 문제에서 지나치게 캐디에게 의존하는 플레이어들이 있다. 매번 같은 캐디를 쓰는 게 아니라면 본인이 직접 보고 판단하는 습관을 가지는 게 좋다. 같은 거리를 보더라도 사람들마다 시각적 감의 차이가 있다. 그리고 같은 100m를 보더라도 그 날의 샷 감각에 따라 여러 가지 판단을 내릴 수 있어야 한다. 그 판단력이 빨라지고 정확해지려면 지형의 상태나 바람의 방향을 보는 관찰력을 키워야 한다.

"난 봐도 모르겠는데?"
"자꾸 봐 버릇해야 보여. 지금의 판단이 실패하더라도 학습은 되고 있는 거야. 그러니까 어떤 판단이라도 좋아. 자기 스스로 결정하고 시도해 봐."
"이번 샷은 80m 남았으니까 계산할 것도 없이 피칭 웨지야. 그치? 피칭 쳐야겠지? 맞아? 응? 아니야? 자기 같으면 몇 번 치겠어?"
"모든 아이언을 다 사용할 수 있겠지."
"날 또 시험에 들게 한다. 피칭 이상 치면 클 것 같은데?"
"클럽의 번호는 그냥 고르기 쉽게 써 놓은 표식일 뿐이야. 클럽 번호에 얽매이면 안 돼. 클럽의 각도를 활용할 줄 알아야지. 이 거리에선 무조건 이 번호로 친다는 고정 관념부터 버려. 이를테면 지금 같은 상황은 80m 남았지만 깃대가 그린 뒤편에 있잖아. 그리고 그린 앞엔 어떤 장애물도 없어. 그럼 내 판단엔 낮게 굴려서 그린에 올리는 거야. 공을 높이 띄우는 것보다는 굴리는 게 목표에 다다를 확률이 높거든.”

아내는 80m거리의 뒷핀을 남겨놓고 피칭 웨지 대신 8번 아이언으로 부드럽게 스윙했다. 낮은 탄도로 느릿하게 날아간 공은 그린 앞에 떨어졌고 그린 뒤편까지 굴러갔다. 아내는 비교적 쉽게 투펏을 했고 6홀 현재 보기 플레이 투 오버다.

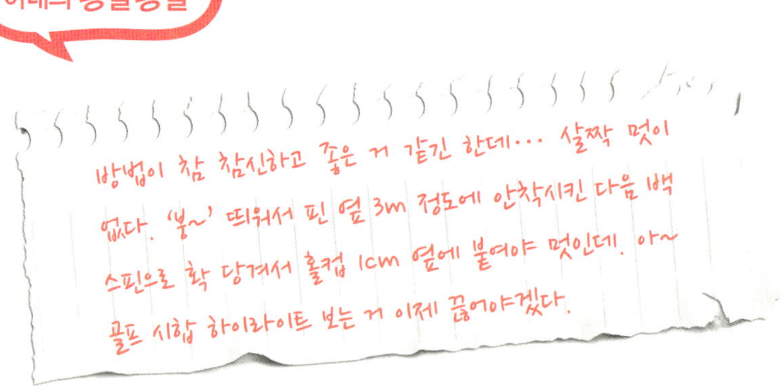

같은 랜딩 포인트에 공을 떨어트린다고 가정할 때, 노란색은 9번, 그린색은 피칭 웨지, 그리고 주황색은 샌드 웨지다. 그린의 경사와 핀 위치가 어디 있느냐를 먼저 파악해야 한다. 같은 거리에 떨어뜨리더라도 어떤 클럽을 사용하느냐에 따라 결과는 다양해진다.

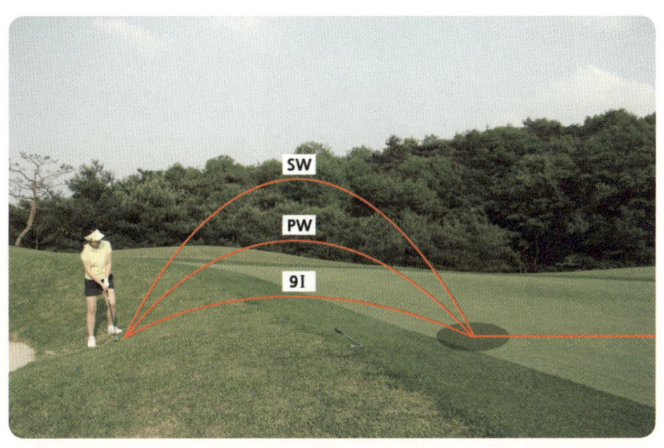

공의 낙하지점은 가깝게 설정할수록 유리하다. 낙하지점은 고정시키고 핀의 위치에 따라 클럽을 바꿔 거리를 조정한다.

그린을 읽을 때 방향보다 더 중시되는 것이 거리감이다. 사진처럼 공과 홀컵 중간쯤에 서서 전체거리를 미리 파악하면 거리감이 좋아진다.

직선 라인이든 곡선 라인이든 실제 홀컵 앞에 가상의 홀컵을 상상해 본다. 그리고 그 가상의 홀컵으로 퍼팅하여 나머지 거리는 감속하며 굴러가게 해야 한다. 전체적으로 퍼팅이 많이 지나가는 플레이어에게 특히 좋은 방법이다.

I'll be back

아내는 세컨 샷이나 서드 샷 때 거리를 넉넉하게 보고 굴려 들어가는 샷을 구사했다. 아내는 이 방법이 너무 멋이 없다고 징징댄다. 코스에서 전략이라는 것을 아직 이해 못한 아내는 그저 마음만 LPGA다. 아내는 당분간 라운딩을 하지 못한다. 임신 4개월에 들어섰기 때문이다. 아내는 수달을 좋아해 오로지 수달만을 보러 동물원에 가기도 했었다. 그래서 태명도 수달이란다. 표현하기 힘들었던 기쁨도 잠시 의사 선생님은 아내에게 안정을 요구했다. 그래서인지 오늘은 더 자기 뜻대로 치기를 희망했다. 하지만 나는 아내를 통제시켜 멋진 일단락을 맺게 해주고 싶다. 부드러운 스윙으로 툭툭 치던 아내의 게임이 드라마틱하게 변하기 시작했다. 못해도 세 번 만에 그린에 올리니 어쨌거나 파 찬스는 계속 이어진다.

“캐디 언니가 놓아 준대로만 치지 말고 자기가 왔다 갔다 하면서 그린을 읽어봐.”
“읽어 보니까 한 번에 넣는 영감이 자꾸 떠오르네.”
“그래? 그런 마인드 아주 좋아!”
“아! 그래? 좋은 거야? 그냥 장난친 건데… 떠오르긴 뭐가 떠올라.”
“자기가 욕심이 앞서니까 첫 퍼팅이 너무 오버 되잖아. 오히려 못 미치게 때려봐.”

모든 게임의 강약을 약으로 설정하자 스코어가 일정해졌다. 17번 홀을 마치자 초저녁의 시원한 바람이 몸에 감미롭게 감긴다. 아내가 스윽 다가오더니 속삭인다.

“나 이번 홀에 버디 하면 89타야.”

스코어를 계산해 보니 정말 그렇다. 가능성은 희박하지만 그렇게만 된다면 이건 사고 수준이다. 신이 난 아내가 지금까지의 리듬을 깨고 맹공을 퍼붓는다. 18번 홀이 그런 아내에게 장난을 건다. 장난치는 모습이 딱 아내 닮았다. 아내는 트리플 보기를 하고 안타까워했지만 93타라는 놀라운 스코어를 기록했다.

“아~ 나 이번 홀 다시 치면 안 돼?”
“아니야 정말 잘 쳤어! 정말 잘 쳤어!”

갑자기 눈물이 핑 돈다. 우여곡절 끝에 여기까지 왔다. 아내는 못내 아쉬운 듯 해 보인다. 하지만 난 아내가 이렇게까지 발전할 수 있을 줄은 몰랐다. 그것뿐인가? 아내는 나에게 골프를 치는 새로운 세계를 보여줬다. 나는 지금까지 여유를 가지고 골프장을 바라본 적이 없는 것 같다. 페블 비치에서 플레이하고도 그곳의 코스와 절경이 기억이 나질 않는다.

나의 아내는 골프를 치면서 꽃밭도 다녀오고 백곰 마을에서 공도 받아왔다. 시시각각으로 변하는 자연 안에서 어떤 마음으로 그곳을 바라봐야 하는지도 알려줬다.

“고마워. 자기가 진짜 프로야.”

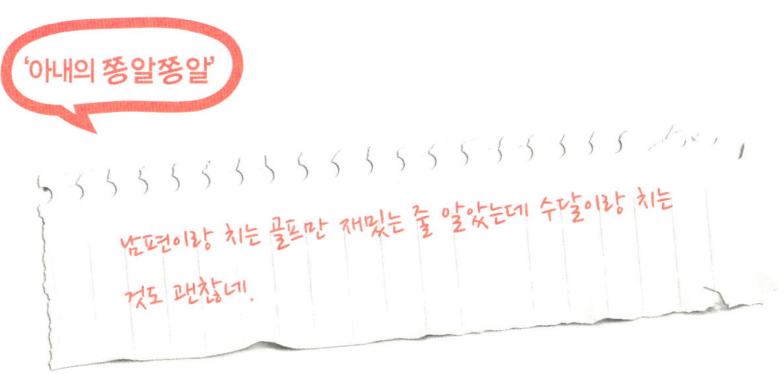

산속에 들어가거나 스윙이 불편한 지역에선 가장 가까운 페어웨이로 무조건 나와야 한다. 조금이라도 멀리 보내려는 시도는 안 하는 것이 현명하다.

사진 b01~b03, c01~c03

아내는 오르막 경사나 내리막 경사에 공이 걸리는 걸 제일 싫어했다. 하지만 방법의 힘이란 실로 무서운 법. 간단한 레슨으로 아내는 더 이상 경사를 겁내지 않게 됐다.

오르막 경사와 내리막 경사에선 셋업 자세가 중요하다. 셋업 자세를 지면의 경사각도에 맞추고 스윙해야 좋은 타격이 나온다.

오르막에선 아무래도 공 위치도 살짝 가운데로 오게 된다.

무게 중심축은 아무래도 오른편에 두는 게 균형 잡기가 쉽다.

내리막 스윙에서는 상체를 일으켜 세우지 않는다. 타격과 동시에 앞으로 자연스럽게 걸어 나가도 된다.

서로 꾸는 꿈이 달라서 그랬나? 아내에게 골프를 가르치기 시작하면서 싸우기도 참 많이 싸웠다. 아내는 골프와 자유롭게 놀고 싶어 했고 나는 그런 아내를 통제시켜 장족의 발전을 꾀하고 있었다. 그래서 서로 부딪힐 수밖에 없었던 것 같다.

그렇게 다툼과 화해를 수없이 반복하다보니 그 어느 때보다 서로에 대해 더 많이 알게 된 계기가 되기도 했다.

남편과 아내의 관계도 골프와 많이 닮았다. 알 때까지 노력해야 한다는 것. 알았어도 그게 끝이 아니라는 것. 하루하루 천천히 발전해 나가는 과정을 즐기는 것이다.

골프를 항상 심각하게만 대해왔던 나에게 아내는 즐기는 법을 가르쳐 줬다. 아내는 골프가 이렇게 행복한 운동인지 나를

통해 배웠다고 한다. 나는 골프가 이렇게 행복한 운동인지 아
내를 통해 배웠다.

"골프도 치고… 좋겠다!"

친구들이 하나같이 입을 모아 하던 말이다. 수개월 동안 남편과 골프를 함께하며 울다가 웃다가 화내다가 하던 시간을 돌이켜 보자니 그냥 웃음이 픽~ 하고 나온다.

"그렇게 좋지 만은 않았거든!"

별것도 아닌 일이 뭐가 그렇게 공사다망했는지.

'지금 다시 하라면 더 잘할 것도 같은데….'

남편이 이 말을 들었으면 뒷목을 잡을 일이지만 말이다.

뱃속 아기 때문에 후다닥 마무리한 감도 없진 않지만 조금씩 느슨해져가는 우리 부부에게 도화선이 돼 주어 정신 바짝 차리고 더 열심히 해 만족할 만한 결과도 얻어낼 수 있었다.

남편의 전문적인 레슨을 받기엔 내가 너무 부족한 면이 많은 제자였겠지만 그렇게 잘 참고 인내하며 날 이끌어 준 것만 해

도 남편에게 너무 고맙고 당신이 자랑스럽다 말해주고 싶다.

덕분에 자연스레 태교도 골프로 했고 난 신랑과 같이 라운딩을 돌 수 있을 정도(내가 원래 원하던 이상적인 골프)가 되었으니 싱글이 된 것보다 더 좋은 결과 아니겠는가.

남편과 골프채널을 함께 즐길 수 있다는 것도 나에겐 큰 성과이다.

물론 치킨과 맥주는 빠질 수 없는 행복한 첨가제이고.

주부9단, 골프9단 되다

초판 1쇄 2012년 11월 25일

지은이 김성헌 · 이남주
펴낸이 성철환 **기획** 신임호 **담당PD** 권병규 **펴낸곳** 매경출판㈜
등 록 2003년 4월 24일(No. 2 - 3759)
주 소 우)100 - 728 서울 중구 필동1가 30번지 매경미디어센터 9층
홈페이지 www.mkbook.co.kr
전 화 02)2000 - 2633(편집팀) 02)2000 - 2636(영업팀)
팩 스 02)2000 - 2609 **이메일** cacao@mk.co.kr
인쇄 · 제본 ㈜M - print 031)8071 - 0961

ISBN 978 - 89 - 7442 - 871 - 6

값 15,000원